Neel Doff

KEETJE TIPPEL

Szenen der Jahrhundertwende

Aus dem Niederländischen

Publiziert bei

Nautilus/Nemo Press

Holländische Reihe
herausgegeben von Dr. Josh van Soer

Editorische Notiz: Neel Doff wird 1858 in der Nähe von Roermond in den Niederlanden geboren und stirbt 1942 in Brüssel. „*Keetje Tippel*" enthält die detaillierten Milieuschilderungen ihrer Kindheit und Jugend im ausgehenden 19. Jahrhundert am unteren Rand der Gesellschaft: Armut, Hunger, Prostitution gehören zum alltäglichen Kampf ums Überleben. Diese Erinnerungen wurden 1911 in Paris erstveröffentlicht und für den „Prix Goncourt" vorgeschlagen. Die Übersetzung folgt der niederländischen Ausgabe von *Keetje Tippel,* Amsterdam 1972 und *Dagen van honger en ellende,* Amsterdam 1970.
Die Übersetzung aus dem Niederländischen wurde im Rahmen eines Seminars über Neel Doff vom niederländischen Lektorat an der Christian Albrechts Universität in Kiel durchgeführt. Daran beteiligt waren: Rüdiger Bliese, Theresa Ewerhart, Barbara Ilius, Elke Kröger, Elga van Leusden, Josh van Soer, Ina Thomsen.

Deutsche Erstausgabe
Nautilus/Nemo Press
verlegt von Hanna Mittelstädt
Hassestr. 22, D – 2050 Hamburg 80

1. Auflage 1982
ISBN 3-922513-08-5
Printed in W-Germany 1982

Keetje Tippel

„. . . *Dies haben die Leute, im besonderen die Reichen aus mir machen wollen! Und ich bin nur eine von den Zehntausenden! Um mich brauchst du nicht zu jammern, jammern bringt auch nichts, aber du solltest wissen, wieviele Menschen von den Rädern des ‚Fortschritts' zermalen worden sind. . .*" *Neel Doff*

Als Neel Doff 1858 im Dorf Buggenum in den Niederlanden als Tochter eines meistens betrunkenen Kutschers und einer kauflustigen Spitzenklöpplerin geboren wurde, hatte wohl kaum jemand gedacht, daß sie später – in den dreißiger Jahren – für den Literatur-Nobelpreis vorgeschlagen würde.

Die Familie Doff, arm und ohne Perspektive zum Lumpenproletariat gehörend, zog um die Jahrhundertwende in die Großstadt Amsterdam, in der Hoffnung Arbeit zu finden. Wer jemals wagt, von der „guten alten Zeit" zu sprechen, sollte vorher dieses Buch lesen!

Armut, Hunger, Entbehrungen und Prostitution haben selbstverständlich Einfluß auf das Mädchen Neel Doff gehabt; sie schreibt fast kindhaft – aber mit innerlicher Stärke – über ihr Leben, ihre Erniedrigungen. Schon früh entsteht bei Neel ‚Wachsamkeit' gegen das Unrecht, die später zu persönlichem Widerstand wird.

Es sind fast immer kurze, autobiographische, ganz präzise beobachtete Erlebnisse, die nicht chronologisch sondern in willkürlicher Reihenfolge aufgeschrieben worden sind.

Keetje Tippel (Pseudonym für Neel Doff) lernt als Prostituierte ihren zukünftigen wohlhabenden Ehemann, den Belgier Fernand Brouez kennen, und zieht mit ihm nach Brüssel. Hier lernt sie erst richtig lesen und schreiben, hier ist sie glücklich, bis Fernand 1900 stirbt. Sie zieht 1909 nach Antwerpen, wo sie plötzlich, 52-jährig, anfängt zu schreiben (auf Französich, die Sprache der Bourgoisie in Belgien, denn sie hatte ihre niederländische Muttersprache nie richtig schreiben gelernt).

„. . .Ich nahm einen Bleistift und etwas Papier, und ich schrieb, alles kam plötzlich heraus, ohne etwas durchzustreichen. .“

Sie wird ‚entdeckt‘ und gleich für den höchsten französischen Literaturpreis, den Prix Goncourt, vorgeschlagen, den sie aber als eine Frau, eine Ausländerin, sogar eine ehemalige Prostituierte, nicht bekommt! Ihre Bücher erscheinen in den Niederlanden, England und Rußland.

Danach wird es ruhig um Neel Doff, sie schreibt zwar noch, aber sie distanziert sich von ihrer Vergangenheit. Einsam, unglücklich und wegen ihrer Vergangenheit erpreßt, stirbt sie 1942 in Brüssel.

Die vorliegenden Geschichten, die hiermit zum ersten Mal in deutscher Übersetzung erscheinen, sind aus ‚Dagen van honger en ellende’ und ‚Keetje Tippel‘ entnommen.

Dr. Josh van Soer

Eine Erinnerung

Es schneit; ich habe die Grippe. Auf dem Platz schlittern die Jungen auf dem Eis. Ich lehne am Fenster und sehe dem Treiben im Schnee zu: wie beweglich und schnell die Kinder sind! Kleine und Große, alle machen mit; sie schlittern, rempeln sich an und fallen übereinander.

Es spielt auch ein Junge in Lumpen mit, er ist schmutzig, die Haare hängen wirr herunter, er hat zu große Holzschuhe an, Strümpfe voller Löcher, seine Knie stoßen durch die Hose, die auf der Sitzfläche durchgescheuert ist, sein Gesicht sieht bleich und aufgedunsen aus, aber er ist muskulös und schnell. Er nimmt einen ordentlich langen Anlauf und schlittert dann gut zehn, zwölf Meter weit mit so einer Fahrt, daß er nicht mehr bremsen kann und zu Boden torkelt oder andere mitreißt. Niemand verletzt sich. Aber doch werden sie böse, sie rappeln sich auf und stürzen sich auf den kleinen Jungen, einfach weil er geschickter ist als sie und schmutzig und voll von Ungeziefer. Sie zerren ihn von der Schlitterbahn herunter, seifen ihn mit Schnee ein, boxen ihn und schubsen ihn mit dem Mund gegen den Kantstein. Das Kind richtet sich auf, versucht sich zu verteidigen, indem es seinen Arm vor sein Gesicht hält – aber es ist allein. Schreiend und weinend vor Schmerz und Wut ergreift es die Flucht.

So kam mein jüngerer Bruder Kees immer zu uns zurück, als wir klein waren. Ach, der empfindsame Kees, was hatte er für herrliche Tränen, groß und klar wie Tautropfen!

Als ich vom Fenster wegging, sah ich mein Gesicht in der Scheibe. Meine Lippen waren zusammengekniffen, die Tränen standen mir in den Augen. Ich hatte wieder einen der schmerzlichen Augenblicke voller Elend aus meiner Jugend durchlebt. Und diese Augenblicke, die unveränderlich stets mit Demütigung und Hohn endeten, erklärten sich aus unserer Armut, denn wenn es um einen Spaß geht, sind es immer die Schwachen, auf die losgeschlagen wird.

Meine Eltern

In Anbetracht der unabwendbaren fast gesetzmäßigen Veränderung, die das Elend bewirkt und auch die stärksten Charaktere zugrunderichtet, waren meine Eltern, wenn man ihr Milieu und ihre Erziehung berücksichtigt, zwei wirklich besondere Menschenkinder. Obwohl äußerst verschieden in Erscheinung und Art, waren sie beide sehr feine Menschen.

Mein Vater, Dirk Oldema, war Friese, 1,90 m groß, schlank, athletisch und unvorstellbar gelenkig. Er hatte eine frische Gesichtsfarbe, strahlend hellblaue Augen, blitzende Zähne, fast kastanienbraune Haare, beim Sprechen eine kräftige, wohlklingende Stimme und beim Singen einen hellen Tenor, wofür die Passanten sogar stehen blieben. Sein größtes Vergnügen war es, abends mit all seinen Kindern um den Ofen zu sitzen und im Chor zu singen oder von seiner Soldatenzeit zu erzählen, wo er Trompetenspieler war und ein schönes Pferd hatte und wie er, als die anderen zusammen becherten, für das ganze Regiment Strümpfe stopfte, um Bücher leihen zu können. Das war die einzige glückliche Zeit, die er in seinem Leben gekannt hatte.

Meine Mutter kam aus Lüttich, war klein, braun und attraktiv, wobei alles an ihr adrett und ordentlich war. Abenteuerromane verschlang sie förmlich, ohne auch nur ein einziges Abenteuer erlebt zu haben. Sie hatte mehr Sinn für Luxus als für den Haushalt, was von ihrer ärmlichen Kindheit herrührte, z. B. trug sie einen Hut mit roten und weißen Blumen auf einer verwahrlosten Frisur oder Lackschuhe mit zerlöcherten Strümpfen. Sie fand es herrlich, mit meiner älteren Schwester Mina durch Geschäfte zu bummeln, in den Auslagen die schönsten Kleider für uns alle auszusuchen, sich darüber aufzuregen und sich über den Geschmack und die Wahl zu kabbeln, als ob sie wirklich eingekauft hätten. Mutter und Mina kamen dann beide mit glühenden Wangen nach Hause und setzten die Diskussion bei einer Tasse Kaffee mit Zucker fort.

Eine der größten Attraktionen dieser schönen Dinge wäre gewesen, Nachbarsfrauen und Tanten vor Neid erblassen zu lassen. Aus Mangel an all diesen schönen Sachen machte Mutter das kleinste Kind so hübsch wie möglich zurecht, sobald sie einen neuen Hut oder ein gebrauchtes Kleid ergattert hatte, und ging dann ausgiebig mit dem Kind in der Straße spazieren, wo eine von den Bekannten oder Tanten wohnte, die dann vor Neid platzen mußten. Sie wiegte sich in ihren Hüften und spielte mit dem Kind. Sie tat dabei so, als würde sie niemanden sehen, aber aus den Augenwinkeln verfolgte sie alles und hinterher erzählte sie uns, wie Tante ein Stückchen von der Gardine zur Seite geschoben, sich aber verborgen hatte und dann Cousine Kaatje schickte, um Mutters Kleider zu begutachten. Daß die Tante grün wurde vor Eifersucht, als sie Mutter und Kind so hübsch zurechtgemacht sah, war sicher.

Trotzdem war Mutter sehr gutmütig, und ich habe schon mal gesehen, wie sie trotz ihrer eigenen Misere ihr Sonntagskleid gerade denselben Nachbarn lieh, um es zu versetzen. Wenn man ein wenig nett zu ihr war, war sie schnell gewonnen, viel zu sehr sogar, denn es kam vor, daß sie ganze Tage bei anderen verbrachte und den Haushalt und die Kleinen ihrem Schicksal überließ. Sie war eher schlau als vernünftig und hätte eigentlich ein Luxusweibchen sein müssen, dazu hatte sie alle Voraussetzungen.

Immer, wenn sie uns in ihren Armen wiegte, sang sie Marienlieder: „Maria, unschuldige Himmelskönigin", und dann war da die Rede von einem Gewand aus blauer Seide. Ich habe sie nur singen gehört, als ich noch klein war, später hat das Elend ihr das Singen abgewöhnt. Ich weiß noch gut, wie gefühlvoll und bezaubernd ihre Stimme war, und selbst als Mutter alt wurde, blieb ihre Stimme so klangvoll und ihr Lachen so jugendlich, daß man in ihrem Beisein ruhig und aufgeschlossen wurde.

Vater war mit ihr verheiratet, seit er das Heer verließ und Polizist wurde. Was ihn am meisten dazu gebracht hat, diesen Beruf zu wählen, war seine Liebe zu Pferden. Mutter, die mit dreizehn Waise geworden war und von da ab ihr Brot als Spitzenklöpplerin verdiente, wußte nichts, aber ganz und gar nichts, vom Haushalt. Vom frühen Morgen bis zum späten Abend saß sie da und mußte Spitzen klöppeln. Sie stand von ihrem niedrigen Stuhl nur auf, um sich an den Tisch zu setzen, und dann sofort nach dem Essen gehetzt die Arbeit wieder aufzunehmen. Auf die Dauer bekam sie davon ein Augenzucken, wodurch ich herauszufinden lernte, was in ihr vorging. Die erste Mahlzeit, die sie für meinen Vater bereitete, bestand aus Kartoffeln mit Leinöl als Soße anstelle von Rapsöl. Wie konnte es auch anders sein? Sie hatte nie Freiheit gekannt, und nun, wo sie verheiratet war, durfte sie doch Besuche bei den anderen Polizistenfrauen machen. Als mein Vater dann von seiner Runde nach Hause kam, fand er nichts auf dem Tisch vor und mußte oft genug wieder in den Sattel steigen, ohne gegessen zu haben. Dann nahm er die Schnäpse an, die man Polizisten gerne gab, um mit ihnen auf gutem Fuße zu stehen, und auf dem Rückweg saß er dann mit Schlagseite auf dem Pferd. Er wurde verschiedene Male versetzt und zu guter Letzt entlassen.

Danach wurde er Jagdaufseher, aber er gab diesen Beruf freiwillig auf. Es war ihm unmöglich, einen Mann zu stellen, der nie Fleisch zu essen bekam und dann auf eigenem Land ein Kaninchen schoß. Wenn mein Vater einen Schuß hörte, der ihm verdächtig erschien, machte er einen Umweg, und nachts warnte er den Bauern, daß er verpflichtet wäre, am nächsten

Tag Anzeige zu erstatten und das Gewehr, das unter den Steckrüben verborgen war, zu beschlagnahmen.

Dann wurde er, immer noch aus Liebe zu Pferden, Kutscher bei vornehmen Familien, aber dafür mußte er seinen Schnurrbart abrasieren, was er so furchtbar fand, daß er nicht blieb. Er arbeitete bei Fuhrgeschäften und stieg dann schließlich ab bis zum Mietkutscher. Als er das erste Mal auf den Bock einer Droschke kletterte, schämte er sich seines Unglücks, aber später dachte er anders darüber. Er sagte, daß die Mietkutscher Arbeiter wären, die Herrenkutscher aber Knechte.

Mutter konnte tagelang ohne Essen auskommen, und es störte sie praktisch nicht, während Vater furchtbar an den Entbehrungen litt, und wenn dann etwas Geld ins Haus kam, gab es prompt Streit darüber. Der eine wollte alles für Nahrung ausgeben, der andere hatte vor, einen Teil für Kleidung oder andere notwendige Sachen aufzuwenden. Auch hatte Mutter immer einen Sparstrumpf und kaufte so manches heimlich, was Vater wütend machte.

Die beiden Menschen, so verschieden in Art und Charakter, waren wegen ihres schönen Äußeren und aus Liebe verheiratet. Es war eine Ehe, in der zwei unverdorbene Menschen sich liebten und neun Kinder bekamen. Sonst war da wenig in ihrem Geschmack und Charakter, was übereinstimmte, und mit der Armut als Fundament war ein heilloses Durcheinander die Folge.

Nirgends habe ich so oft über schöne Dinge reden hören wie bei uns zu Hause. Stellten wir uns vor, reich zu sein, besprachen wir erst, was wir alles lernen und wie prächtig wir uns einrichten wollten. Waren wir auch noch so große Hungerleider, das Essen kam erst an letzter Stelle.

Ich erinnere mich an einen Sonntagmittag, wo Vater Mutter vorlesen wollte. Sie stillte gerade wieder ein Kind. Es wurde ihm aber unmöglich gemacht durch die Nachbarn über uns, die Besuch hatten, fröhlich waren und sangen, wobei sie mit den Füßen den Takt stampften und mit den Messern gegen die Gläser schlugen. Vater hatte schon einige Male das Buch fluchend zugeschlagen, als an die Tür geklopft wurde. Es war die Nachbarin, die meine Eltern einlud, um das Vergnügen mit ihnen zu teilen.

„Ich habe mir gesagt, die Nachbarn haben nie etwas, die lesen aus Langeweile. Also, wenn Sie Lust haben, mitzumachen. . ."

Vater bedankte sich, jedoch ein wenig von oben herab, etwas geringschätzig und verärgert, da die Nachbarschaft meinte, daß er sich an solchen billigen Vergnügungen erfreuen würde. Die Frau ging ziemlich betreten weg.

In der freien Natur wurde mein Vater von unbändiger Freude überwältigt, daß ihm die Tränen in die Augen traten. Alles fesselte ihn da bis zum Gequake der Frösche in den Teichen, und als wir mit Steinen nach ihnen werfen wollten, sagte er: „Ihr stört die Unterhaltung der Tiere, dabei können sie sich in ihrer Sprache so gut ausdrücken! Sie haben ebenso wie wir ihre Familie mit Kindern, aber sie haben bestimmt nicht so viel Kummer, sonst wären sie nicht so fröhlich."

Von meinem neunten oder zehnten Lebensjahr ab gab es, soweit ich mich erinnern kann, wenig, woran ich mit Freude zurückdenken könnte. Das Unglück verließ unser Haus nicht mehr, es wuchs mit jedem neuen Kind, und der Verfall und die Mutlosigkeit meiner Eltern machten die Tage von Hunger und Elend immer zahlreicher.

Als ich wach wurde, war es Abend

Ich hatte die Masern gehabt und war eines Mittags aus dem Haus entwischt, um den Kindern zuzusehen, die damit beschäftigt waren, Murmeln in alte Pfeifenköpfe zu werfen, welche sie im Boden befestigt hatten. Ich war erstaunt über ihren Schatten, der je nach ihren Bewegungen lang oder kurz wurde, und ich fragte mich, woher der Schatten kam und warum er sich so streckte und krümmte. Dann fühlte ich plötzlich einen harten Stoß gegen meinen Rücken, jemand schüttelte mich durch und eine Stimme schrie: „Dummes Ding, du könntest dir hier draußen den Tod holen!"

Das war unser Dienstmädchen, die mich in dieser Weise behandelte: wie lächerlich es auch klingen mag, wir hatten damals ein Dienstmädchen. Meine Mutter, die zu der Zeit erst fünf Kinder hatte, konnte ihrem Beruf als Spitzenklöpplerin noch nachgehen, und weil es im Moment sehr viele Aufträge gab, mußte sie sich ein Mädchen nehmen, das ihr im Haushalt half. Das Mädchen versohlte mir ordentlich den Hintern, wie es bei den kleinen Leuten üblich ist, wenn ein Kind ein trotziges Gesicht macht; danach legte sie mich in mein Holzbettchen, das auf dem Fußboden an der Wand stand. Ich schlief ein, und als ich wach wurde, war es Abend.

Oh, was war das für ein herrliches Gefühl, so behaglich und heimelig! Das Zimmer war hell erleuchtet; im Ofen brannte ein gemütliches Feuer; Mutter saß hinter ihrem Klöppelkissen und arbeitete, während Vater ihr aus ‚Tausend und einer Nacht' vorlas. Manchmal hielt er kurz inne um mit Mutter Gedanken auszutauschen.

„Kato, wenn wir doch nur ganz einfach sagen bräuchten, ‚Sesam, öffne dich', dann würde ich nicht zulassen, daß du deine Augen abends mit diesem

Klöppelwerk verdirbst."

„Laß uns froh sein, daß ich in dieser Stadt noch Aufträge bekommen habe. Außerdem mag ich diese Arbeit. Die Bänder sind wirklich hübsch geworden; die Idee bekam ich, als ich die Kinder mit den Blättern spielen sah. Mein Muster ist gut geworden und nun habe ich auch viel Freude daran." Und ihre Finger wirbelten die Klöppel so geschickt durcheinander, daß man ihnen mit den Augen nicht folgen konnte.

Im Zimmer roch es herrlich nach Rinderleber in Essig, die auf dem Rand des Ofens schmorte. Sie würde bald gar sein und dann wäre auch für mich Zeit fürs Essen. Ab und zu hob Vater den Deckel hoch, um zu probieren, und während er den Löffel gründlich ableckte, sagte er: „Die wird lecker, Kato."

Ich hörte Vater beim Vorlesen zu, ich atmete den angenehmen Duft ein und war bald wieder eingeschlafen. Wer schläft, der ißt auch.

Die neuen Schuhe

Hein und ich kamen aus dem Fuhrgeschäft. Wir fühlten uns wie im siebenten Himmel: Vater hatte für uns beide ein paar Schuhe aus dickem schwarzem Leder gekauft, zwei Nummern zu groß zum Reinwachsen. Stolz wie die Pfauen gingen wir über den Nieuwendijk, ganz aufgeregt vor Glück, und wir redeten ununterbrochen über die neuen Schuhe. Unsere Füße schlüpften bei jedem Schritt raus und wieder rein. Wir mußten uns natürlich auch auf den Bürgersteig setzen, um die Schnürsenkel noch mal festzubinden.

Als ich nach Hause kam, stand mir der kalte Schweiß auf der Stirn. Ich zog meine Schuhe aus: meine Hacken waren ganz aufgeschürft. Na ja, was soll's! Ich könnte die Schuhe wohl drei Jahre lang tragen, hatte die Frau gesagt, also was kümmerte mich die Haut von meinen Hacken? Immer noch besser als die Holzschuhe von Mutter aufzutragen, deretwegen ich ausgelacht wurde und in denen ich außerdem ständig stolperte. Hein sah auch auf seine Füße: bei ihm bluteten die Zehen.

„Aber was macht das, es sind tolle Schuhe: Leder so dick wie ein Finger und so hart! Riesige Dinger! Und meine halten auch drei Jahre, die Frau hat es von beiden Paaren gesagt, nicht nur von deinen."

Schnell stopften wir ein Papierknäuel in die Spitze und kletterten wieder in die Schuhe, um sie unseren Freunden auf der Straße zu zeigen.

An diesem Abend gingen Hein und ich ächzend und stöhnend ins Bett, so weh taten unsere abgeschürften Füße. Vater tobte. Wer hatte jemals solche Kinder erlebt! Wenn seine Mutter für ihn ein paar Holzschuhe gekauft hatte, war er so froh darüber gewesen, daß seine Füße hätten abfallen können, ehe er geklagt hätte.

„Ich bringe sie zurück, das wird ihnen eine Lehre sein!“

Wir sprangen aus dem Bett.

„Nein Vater, Vati nicht, nicht zurückbringen, es sind unsere schönen Schuhe, sie tun gar nicht weh!“

Und Hein und ich versteckten die Schuhe unter unserem Strohsack. Und jedesmal wenn wir aufwachten, fühlten wir nach, ob sie auch noch da waren.

Erster Umzug

Mein Vater war ein sehr guter Handwerker, hatte aber die Begabung, sich unbeliebt zu machen; er ließ sich zu deutlich anmerken, daß ihm Dummheit und Grobschlächtigkeit zuwider waren. So mußte er aus der kleinen Stadt weg, um woanders Arbeit zu suchen, und ging nach Amsterdam, von wo aus er bald an Mutter schrieb, sie solle dorthin nachkommen.

„Verkauf den alten Plunder, um die Reise zu bezahlen", schrieb er in seinem Brief, „hier bekommt man alles, was man braucht."

Mutter wußte genau, was das heißen sollte: in den Geschäften gab es alles, aber wir konnten wieder in einem kahlen Raum hausen. Vater glaubte immer, es würde schon alles von selbst gehen, so, als ob wir nichts anderes zu tun bräuchten, als unsere Hände aufzuhalten, und dann quasselte er den größten Unsinn. Mutter ließ sich von seinem Gerede nicht beeindrucken und verstand es, von der Fürsorge unseren Umzug nach Amsterdam bezahlt zu bekommen.

Man hatte für uns und unsere armselige Habe einen Platz auf einem Frachtkahn finden können. Eines Abends kamen zwei Beamte von der Fürsorge, um uns abzuholen und uns an Bord zu bringen. Mutter stillte zu der Zeit gerade noch meine kleine Schwester Naatje, die Beamten nahmen die vier anderen Kinder an die Hand und waren sehr freundlich zu uns.

Es war Ebbe. Wir mußten eine hohe Leiter hinabklettern, und ich erinnere mich noch sehr gut daran, daß wir Todesangst vor dem schwarzen Abgrund ausstanden: einer meiner kleinen Brüder begann zu schreien, er wolle nicht unter dem Wasser durch zu Vater gehen, und mir ging es so wie üblich: nach außen tat ich sehr tapfer, während ich eigentlich wie Espenlaub zitterte.

Wir wurden einer nach dem anderen nach unten gebracht, in die gemeinsame Kajüte: denn Schlafplätze gab es nur für die Besatzung. Wir selbst hatten nichts, worauf wir hätten sitzen können. Und von der Besatzung war nichts zu erwarten, denn die war allem Anschein nach dem kleinen Gemüse, das da schrie, in die Hosen machte usw., nicht gerade grün.

Das Schiff legte ab. Wir hatten uns schon auf den Boden fallen lassen, und Mutter setzte sich dann auch zu uns: sie breitete ihre Röcke um sich herum aus, und darauf legten wir uns, mit dem Kopf auf ihrem Schoß. Naatje wurde noch immer gestillt. Ich konnte nicht schlafen. Ich war erst fünf Jahre alt, aber ich erinnere mich genau daran, daß ein Mann hereinkam, der uns kurz mit Widerwillen betrachtete, sich dann ohne weiteres auszog und hinlegte; jedesmal, wenn eines der Kleinen hustete oder weinte, hörte ich ihn fluchen. Gegen Morgen begann Mutter, die Kinder mehr schlecht als recht für die Ankunft in Amsterdam zu waschen und anzuziehen.

Die Fürsorge hatte nur unsere Fahrt bezahlt, genauso wie für Ölfässer oder andere Handelsware. Sie hatte uns am Boden liegen lassen wie eine Hündin mit ihren Jungen, und meine kleine hübsche Mutter mit dem Baby an ihrer Brust hatte nicht einmal eine Tasse Kaffee gehabt, nichts, absolut nichts.

So fuhren wir zähneklappernd und bleich vor Kälte und Hunger auf der Amstel nach Amsterdam hinein. Vater stand an den Schleusen und wartete auf uns. Während das Boot anlegte, wurden wir über die Laufplanke zu den Schleusentoren gehievt, die nur an einer Seite ein Geländer hatten; und Vater, ein ewiger Wagehals, ließ uns an diesen entlang und über die Schleusen bis zum Kai laufen. Dann brachte er uns über viele Straßen, Brücken und Grachten zu einer Sackgasse, wo er im ersten Stock eines baufälligen Häuschens ein Zimmer gemietet hatte.

Wir bekamen Brot und Kaffee und wurden dann in

einem dunklen abgeschlossenen Verschlag auf einen Strohballen schlafengelegt.

Lumpen und Abfall

Ich habe öfter gehört und gelesen, daß der Duft einer Blume oder der Geschmack einer Frucht bei manchen Menschen allerlei Herrliches aus ihren Kinderjahren in Erinnerung ruft. Aber was mich betrifft, habe ich bis auf ein paar unwesentliche Ausnahmen absolut keine Erinnerungen an herrliche oder auch nur schöne Dinge. Alles, was frisch und sauber an meinen Gefühlen war, wurde von Elend, Unwissenheit und Scham verdorben. Es stimmt tatsächlich, daß mir nie, wenn ich an einer Blume rieche oder eine Frucht probiere, ein Ereignis aus meiner frühen Kindheit in mein Gedächtnis zurückkommt, wohl aber, wenn ich Holländischen Käse esse.

Inzwischen war unser Elend durch die jährlich zunehmende Kinderzahl bedrückend geworden. Eine meiner Tanten war Dienstmädchen in einem großen Bordell. Sie war sehr gut zu uns. Abends, wenn im Bordell das Leben in vollem Gange war und dann nicht mehr so genau auf alles geachtet wurde, ließ sie uns an eine Seitentür kommen, um uns die Reste zu geben, die die Damen bei Tisch nicht aufgegessen hatten; wie z. B. Käserinden, deren Geschmack mir das alles wie im Film in die Erinnerung zurückbringt.

Meine Tante brachte uns auch, gut unter ihren Kleidern versteckt, Schleifen und Seiden- oder Samtbänder, mit denen Mutter unsere kleinen Hüte verzierte; manchmal auch tief ausgeschnittene Mieder von schottischer Seide, die Mutter für uns verarbeitete, und mit denen sie uns zum Erstaunen der Nachbarn herausputzte. Ich erinnere mich zum Beispiel an ein reizendes Kleidchen, das sie aus schwarz-gelb karierten Stoffresten für mich gemacht hatte, die sie aneinandergenäht hatte, jede Naht unter einer kleinen Falte verborgen.

Und aus all diesen Lumpen und dem Abfall stieg ein süßer Geruch auf, der uns das Gefühl vermittelte, reich zu sein.

Hinkepink

„Vater kommt immer noch nicht nach Hause; er wird die Hälfte von seinem Geld wohl wieder vertrinken. Ich kann wirklich nicht auf Suche nach ihm gehen; Klaasje hat immer noch Bauchschmerzen; geh' du mal nachsehen Keetje, ob du ihn nicht bei den ‚Drie Druifjes' oder bei Hinkepink oder sonstwo findest."

Ich also los. Bei allen Kneipenfenstern versuchte ich zuerst durch die Schlitze der Gardinen zu lugen, und danach lauschte ich, ob ich Vater vielleicht singen hörte, denn er war ein fröhlicher Schlucker, der Vater. Bei Hinkepink hörte ich seine Stimme, ziemlich aufgeregt: „Meine Pferde bedeuten mir genausoviel wie Kinder! Sie sind gut, klug und ich will dir sagen: um mir in ihrem Stall ein Plätzchen zum Ausruhen zu geben, rücken sie extra ein bißchen zur Seite."

Er hatte einen sitzen, aber er war nicht richtig betrunken. Ich machte die Tür einen Spalt weit auf und sah erst mal, wie ich empfangen werden würde.

„Ha, Mäuschen", rief er, sobald er mich sah, „du kommst mich holen, Kind, komm nur herein."

Ich ging hinein. Sofort kam es mir dort anheimelnd und behaglich vor; es war warm und hell, der Bretterboden war mit weißem Sand bestreut und auf der Theke standen dampfende Kessel mit Kaffee, Tee und Kakao. Hinkepink mit ihrer gestärkten Mütze, ihrer weißen Jacke und ihrem schwarzen Rock mit einer weißen Schürze darüber, trug ihre Juwelen aus Goldfiligran und ihre Granatkette, die sie nur am Samstagabend, Sonntags und Montags anlegte. Sie lächelte mir zu:

„Ach, die Kleine, sie kommt ihren Vater suchen! Eine Tasse Kakao für das junge Fräulein! Was hat sie nur für schöne Haare, Dirk, auf so ein Mädchen kannst du stolz sein!"

Vater hatte mich auf den Schoß genommen.

„Schau mal, dein Kakao!“

Ihr Bein nachziehend brachte die Hinkepink eine Tasse Kakao, aus der der Dampf aufstieg, dazu einen Keks.

„Nun die Stute hatte ein Geschwulst am Bein, und der Tierarzt behauptete, daß es ein Bluterguß war und ließ sie mit allerlei Salben einschmieren. Aber nein, es half nichts. Tagsüber, wenn das Tier arbeitete, konnte ihm eigentlich gar nichts passieren; dann bin ich eine Nacht bei ihm geblieben, und jawoll es lag genau mit der Stelle auf seinem Hufeisen. Ich habe bei dem Sattelmacher ein festes Kissen mit einem Riemen bestellt, und das band ich abends um den Huf. Nach drei Tagen war nix mehr zu sehen. Um die Tiere kennen zu lernen, muß man sie gut beobachten, dann lernt man sie genau so gut verstehen wie die eigenen Kinder. Leen, noch einen Klaren!“

Er ließ mich probieren. Und da meine Tasse Kakao schon leer war und da mir hier alles so toll vorkam, nippte ich, während Vater beim Erzählen war, noch mal am Glas.

Mensch, wie ist das prima hier! An Vater angekuschelt sehe ich alles hin und her schwanken; aber wie schön das ist: die singenden Menschen und Hinkepink sind meine Freunde. Hör mal, Vater fängt an zu singen; keiner hat so eine Stimme wie er. Und dann begann ich auch zu singen: Wilhelmus van Nassouwe. . . (*)

„Nein, das nicht“, sagte Vater, und er setzt ein: „Im grünen Tal, im stillen Tal, wo die kleinen Blümchen blühen. . .“ Mit ganz hoher Stimme singe ich weiter.

„Hört was für eine Nachtigall, die hat Gold in ihrer Kehle.“

(*) niederl. Nationalhymne

Von den Gästen war einer nach dem anderen verschwunden, von ihren Frauen weggeholt.

„Dirk", sagte Hinkepink, „ich glaube, daß du gut daran tust, mit der Kleinen nach Hause zu gehen, und lauf nicht so dicht an den Grachten entlang."

„Gut, Leenchen, gut. Komm Mäuschen!"

Wir gingen nach draußen. Ich gab Vater die Hand. Es hatte angefangen zu schneien, und plötzlich ließ ich ihn los und machte Schneebälle, um ihn damit zu bewerfen. Er begann wie ein Verrückter zu lachen, wobei er sich auf die Oberschenkel schlug: „Wart nur, du kleiner Schuft!" Und dann war er an der Reihe zu werfen, bis mir die Ohren davon dröhnten. Wir lachten schallend und machten einen großen Umweg, wobei wir einander im Schnee verfolgten. Ich zog irgendwo an der Klingel, und wir machten, daß wir wegkamen, als ob der Alte, der dort wohnte, uns nachsetzte.

Dann tanzte ich auf ihn zu. Er griff mir unter die Arme und begann pfeifend mit mir zu tanzen: er ließ mich unter seinem Arm durch Pirouetten drehen, wobei wir unsere Fingerspitzen gegeneinander drückten. Dann ließ er mich los, und ich tanzte vor ihm her, während er mir immer noch pfeifend folgte und selbst auch Tanzschritte machte. Und so tanzten wir beschwingt weiter bis ganz nach hinten in die ärmliche Gasse direkt vor unsere Tür. Ich drückte die Türklinke herunter: die Kerze war aus, das Feuer war aus. Mutter noch immer mit dem heulenden Klaasje beschäftigt stellte sich wütend vor uns. Sie schrie vor Wut und verpaßte mir Fußtritte. Vater und ich sagten nichts mehr, völlig entsetzt angesichts dieser Gewalt. Ich kroch schnell in das Stroh zu den Kindern und fand es gemein, daß man niemals etwas Spaß haben durfte. Vater spielt kaum noch mit uns, und wenn er es tut, nun, das sieht man ja. . . Wenn ich groß bin, werde ich auch so bald wie möglich in eine Kneipe gehen: dort ist es warm, hell und gemütlich, aber hier...

Vater war ganz schnell ins Bett gestiegen, und ich sah, wie Mutter mit einem schrecklich verkrampften Gesicht fieberhaft seine Taschen ausleerte.

Aalköpfe und Pelle

Samstagabends, wenn Vater seinen Lohn bekam, gingen meine Mutter und meine älteste Schwester ihn abholen, und unterwegs kauften sie dann einige Leckerbissen zum Brot. Ich paßte inzwischen auf die Wohnung und die Kleinen auf, die schon zu Bett gebracht worden waren.

Wir wohnten damals in einem Keller auf dem Haarlemmerdijk. Wenn meine Mutter und meine Schwester aus dem Haus waren, setzte ich mich auf die Stufen, die zur Straße führten und betrachtete die Menschen, die vorbeikamen. Ich sah sie mir von unten herauf an; ich lag mit dem Kopf und den Armen auf dem oberen Brett der Regenrinne, welche in den holländischen Städten an den Häusern entlang führte. Ab und zu ging ich nach unten, um einem der Kleinen, das zu weinen angefangen hatte, den Schnuller wieder in den Mund zu stecken, und dann nahm ich meinen Platz wieder ein.

Es waren nicht mehr viele Fußgänger auf der Strasse. Und jedes Mal, wenn der Nachtwächter vorbeikam, die Zeit ausrief und seine Schnarre hin- und herschwenkte, wobei ich Todesängste ausstand, kroch ich in den Keller; kaum war er vorbeigegangen, setzte ich mich wieder hin.

Ich wurde schläfrig, aber das Rufen der Frau mit den Räucheraalen, welches ich von weitem hörte, schreckte mich stets aus dem Schlaf und gab mir die Hoffnung, daß meine Eltern, wenn sie zurückkamen, Räucheraal oder sauren Hering oder vielleicht auch Bratwürstchen mitbringen würden. Aber zuguterletzt siegte die Müdigkeit, und ich nickte auf der Treppe ein. Der Nachtwächter trug mich in den Keller, wo er mich zwischen die anderen Kinder aufs Bett legte, oder was man als solches bezeichnete.

Meine Eltern hatten den Grundsatz, daß Schlafen

genausogut war wie Essen. Am anderen Tag fanden meine Geschwister und ich immer die Köpfe und die Pelle vom Räucheraal oder vom sauren Hering, die Reste der Fresserei vom vorigen Abend. Und die aßen wir dann zu unserem Brot.

Zweiter Umzug

Wir waren zu der Zeit, als der Noordzee Kanaal von Amsterdam nach Ijmuiden gegraben wurde, an die schmalste Stelle Hollands übergesiedelt. Vater hatte dort Arbeit in den Ställen, aber wie gewöhnlich hielt er es da nicht aus, und wir mußten aufs neue umziehen. Er ging zu Fuß nach Amsterdam, wo er wegen seines ordentlichen Auftretens sofort Arbeit fand. An einem der Sonntage, die darauf folgten, kam er uns holen: wir hatten für sechs Gulden einen Bauernkarren gemietet, der uns nachts nach Amsterdam bringen sollte. Obwohl wir für den ganzen Karren bezahlt hatten, hatte der Bauer den größten Teil mit seinem eigenen Krempel beladen: Fässer, Körbe und sogar eine riesige Kaufmannsladen-Kaffeemühle, die er in der Stadt reparieren lassen wollte.

Und so fuhren wir, unglücklich zusammengepfercht, durch die Finsternis über Hollands Schlingerwege, die mit gelben Backsteinen gepflastert waren. An Haarlem vorbei zuckelten wir stundenlang über einen Deich. Man konnte keine Hand vor den Augen sehen, und man hörte nichts anderes als das Klatschen der Wellen, die gegen die Deichwehr schlugen und das schrille Gekreisch der Nachtvögel. Alle Augenblick hielt der Karren an: dann stieg mein Vater herunter, um zu sehen, ob wir noch mitten auf dem Deichweg waren und um dem Pferd, das Angst hatte, zuzusprechen. Auf dem schmalen Streifen oben auf dem Deich, der nur von einer lächerlich kleinen Laterne beleuchtet wurde, die am Wagen hing, war es lebensgefährlich. Die Kinder schrien vor Angst und Mutter sagte (wie immer, wenn es gefährlich war) das Evangelium des Johannes auf: „Am Anfang war das Wort, und das Wort war bei Gott, und Gott war das Wort". Vater fluchte; der Bauer machte den Mund nicht auf.

Durch einen Ruck des Karrens kippte die große

Kaffeemühle auf mein Gesicht. Ich begann zu brüllen, Mutter aber, die nicht sehen konnte, was mir zugestoßen war, regte sich auf und verpaßte mir eine Tracht Prügel, so daß ich meinen Mund hielt. Mein ganzes Gesicht schwoll schrecklich an, und es fehlte nicht viel, daß meine Augen zugeschwollen wären. Als es langsam Tag wurde, konnte ich meine Tränen nicht mehr zurückhalten, und ich sagte: „Mutter, guck' doch mal, ich kann fast nichts mehr sehen."

Erschrocken begann Mutter darüber zu jammern, daß, obwohl wir für den ganzen Karren bezahlt hatten, der Bauer ihn so vollgeladen hatte, daß ihre Kinder beinahe erschlagen worden wären.

Im Laufe des Morgens kamen wir in Amsterdam auf dem Haarlemmerdijk an, wo Vater einen Keller gemietet hatte. Er faßte die Kinder, eins nach dem anderen, unter den Arm und ließ sie so auf die Straße springen. Weil mein Gesicht derart zugerichtet war, trug er mich in den Keller hinunter, während er mich tröstete, „armes kleines Mäuschen, wein' man nicht mehr, wir können froh sein, daß wir nicht allesamt ertrunken sind."

Non! Non!

In jenen Tagen, als wir mitten in unserem Elend kaum noch Luft bekamen, wußte ich mir durch meine Einbildungskraft selbst angenehme Augenblicke zu verschaffen. Dann nahm ich meine Puppe, meine Murmeln, meine Tasche, voll mit Porzellan- und Steingutscherben, und lief zu den vornehmen Grachten, wo ich dann nach einem schönen Haus suchte.

Die Hauptgrachten Amsterdams erfüllten mich mit tiefer Ehrfurcht: Ich konnte mir Aschenputtel nirgendswo anders vorstellen, als in einem dieser Häuser aus dem 17. oder 18. Jahrhundert, mit ihren doppelten, hohen Vortreppen aus blauem Granit, abgegrenzt durch Hecken und schmiedeeiserne Ketten, mit einer fürstlichen Tür voll mit Holzschnitzereien, dunkelgrün wie das schlammige Wasser der Grachten, darüber das Schmiedewerk des Oberlichts, das aussah, als ob es aus reinem Gold wäre. Die stattlichen Bäume, die sich im Wasser spiegelten und die Schiffe, die dort hindurch glitten, als ob sie auf Öl fahren würden, gaben mir ein Gefühl des Friedens, wie ich es in keinem anderen Land jemals mehr empfunden habe.

Auf einer passenden Vortreppe suchte ich mir dann eine Stufe und leerte meine Tasche aus: Ich legte meine Scherben auf den Stein, wie Untertassen auf ein Büffet, und meine Puppe setzte ich mitten dazwischen. Ein Teil des Spieles war es, davon zu träumen, was wohl in dem Haus geschähe, vor dem ich gerade saß. Ich wohnte dann dort mit den Figuren aus dem Märchen ‚Moeder de Gans' und besaß Säle voll Puppen in allen Größen, gekleidet wie die Prinzessinen auf den Glanzbildern. Alle hatten sie echtes Haar, Augen, die auf- und zugingen, und sie sagten: „Mama" und „Papa".

Oder ich fuhr mit einem blauen Schiff mit orangefarbenen Segeln auf den Grachten.

Wenn ich mir vorstellte, Dornröschen zu sein, dann hatte ich immer Schwierigkeiten mit dem Wald, denn ich hatte noch nie einen gesehen. Ich schlief darum am liebsten auf dem himmelblauen Schiff. Es trieb von einer Insel in der Zuiderzee sacht durch alle Stadtgrachten bis hierher, in die Herengracht. Ein Herr mit spitzenbesetzten Kleidern und einem Degen an seiner Seite stieg in das Boot, weckte mich und brachte mich in das schöne Haus, auf dessen Vortreppe ich gerade saß und spielte.

Aber eigentlich wollte ich noch lieber von einer jungen, blonden Dame geweckt werden, nach der ich dann, wenn ich die Augen geöffnet hätte, die Arme hätte ausstrecken können.

Ab und zu ging die Tür des Hauses auf. Für eine alte Dame mit Reifrock und Haube, das stille Gesicht umrahmt von gepuderten grauen Schillerlocken. Oder es war eine junge Frau, gekleidet nach der neuesten Mode, mit einem Schultermäntelchen und einem grauen Rock, oben eng und unten in eine über den Boden fegende Schleppe ausgehend. Das Haar war aufgesteckt, mit kleinen Löckchen und über der Stirn saß ein winziges rundes Hütchen. Große Ohrringe aus schwarzem Stein baumelten an ihren Ohren, und in der Hand hielt sie einen kleinen Sonnenschirm aus grüner Seide mit Fransen und einem zusammenschiebbaren Elfenbeinstab.

Meistens ließen die Damen mich auf der Treppe weiterspielen, mit einem wohlwollenden: „Na, Kleine, spielst Du?“ Und den Klang ihrer Stimme und die Art, wie sie die Worte aussprachen, fand ich einfach phantastisch.

Aber es passierte auch, daß aus dem Boteneingang unter der Vortreppe ein Dienstmädchen herauskam, das ein helles Baumwollkleid, eine weiße Schürze und blumenbestickte Pantoffeln trug; auf ihrem Haarknoten saß keck die gestärkte Tüllmütze. Für ihre Einkäufe hatte sie einen flachen Korb aus weißem Rohr. Meistens versuchte sie, mich wegzujagen. Zumindest aber sagte sie: „Na, du unartiges Mädchen, du schwänzt wohl gerade wieder!"

Hatte ich mir gerade eingebildet, in der Gesellschaft schöner Damen zu sein, welche schöne Häuser bewohnten, dann waren solche Bemerkungen mehr als ausreichend, um mich in die Wirklichkeit zurückzuholen. In Ermangelung von etwas Besserem hätte ich dann auch gerne mit einem der hübschen Dienstmädchen tauschen mögen. Nicht einmal mein Kommunionkleid war so rein wie ihr Arbeitszeug, und ich mußte immer auf ihre schönen, bloßen und vor Gesundheit strotzenden Arme gucken. Meine Mutter und meine älteste Schwester, eigentlich wir alle, hatten ganz magere Arme, mit ganz mageren Gelenken, über die selbst die Frauen aus unserer Gasse noch Bemerkungen machten. Auch über die hohen, kleinen Brüste von Mina hatten sie etwas zu sagen und wünschten ihr in bester Absicht ein paar ordentliche, unter dem Kleid hin- und her schlenkernde Hängebrüste.

Einmal, als ich auf einer der Vortreppen an der Herengracht saß, kam eine junge Frau aus dem Haus. Dabei war ein Mädchen von ungefähr zehn Jahren, also etwa so alt wie ich. Das Mädchen blieb stehen, um meine Spiele anzugucken. Dann suchte es mit seinen Fingern in der Tasche, nahm ein Geldstück heraus und wollte es mir geben. Ich aber ballte die Fäuste zusammen und hielt sie auf den Rücken. Dabei sah ich dem Mädchen direkt ins Gesicht. Es wurde knallrot und flüchtete zurück zu der Dame, umschlang sie und versteckte das Gesicht in ihren Kleidern und erzählte schluchzend, was geschehen war. Die Dame führte sie dann zu mir und bot mir einige Süßigkeiten an, die ich auch annahm. Danach redete sie das Mädchen in einer fremden Sprache an, und diese antwortete in der gleichen Sprache: „Non! Non!" Dabei stampfte es mit den Füßen auf und versteckte seine Hände hinter dem Rücken. Die Dame aber konnte es überreden und nahm seine eine Hand, die sie in die meine legte.

Wir sahen einander an. Sie hatte blaue Augen und blonde Locken, genau wie ich. In diesem Moment durchschaute und verstand ich sie besser, als ich jemals die Menschen meines eigenen Standes verstanden hatte. – Aber, wenn wir uns so ähnlich waren, warum war sie dann so ganz anders? Ich hätte ihr das Gesicht zerkratzen können, ich wäre imstande gewesen, ihr einen Fußtritt zu geben, wegen dieses Unterschieds, den ich als etwas Feindliches empfand und nicht ergründen konnte.

Als die beiden weitergegangen waren, fragte ich mich, worin dieser Unterschied lag und wo er herkam. Von dem Tage an glaubte ich allen Ernstes, daß die Reichen von einer wertvolleren Machart waren als wir, die Armen. Und das glaubte ich vor allem, wenn ich sie reden hörte, mehr noch, wenn ich sie lachen hörte: Sie konnten in Worten ausdrücken, was ich nur empfinden konnte.

Aber noch etwas anderes hatte ich von dieser Begegnung mitgenommen: Das ‚Non!, Non!' dieser heftigen, aber für mein Gefühl so schönen Stimme, erschien mir als das Wunderbarste und Vornehmste, was ich jemals gehört hatte. Was die Worte genau bedeuteten, wußte ich nicht, aber ich prägte sie mir ein und gebrauchte sie das erste Mal, als ich für Nina einkaufen sollte, anstatt Locken in Naatjes Haar zu drehen. Mit den Füßen aufstampfend, genau wie das andere Mädchen und seine Stimme nachahmend antwortete ich mit einem mehrmaligen: „Non! Non!" Mina hörte sofort mit dem Bohnern auf, ebenso Mutter mit dem Strümpfestopfen.

„Herr im Himmel, wo hat das Gör die Worte denn her? Das ist ja Französisch!"

„Französisch?“ fragte Mina. „Wo kann sie das denn herhaben? Bestimmt denkt das Schaf sich die Worte nur aus, die denkt sich ja alles Mögliche aus.“

„Nein, bestimmt. Es ist Französisch; ich kann mich noch gut erinnern, wie meine Mutter mit ihrem Bruder aus Lüttich zusammensaß und Französisch sprach. Da war oft ‚Non! Non!‘ zu hören. Wo hast du denn die Worte aufgeschnappt?!“

Ich wollte nichts sagen. Mina blieb dabei, daß ich mir das ‚Non, Non!‘ ausgedacht hätte. Aber ich dachte mir nie etwas aus. Die ungewöhnlichen Worte, die ich gelegentlich anbrachte, hatte ich alle wirklich gelesen oder gehört, und ich konnte sie zum Erstaunen der Familie endlos wiederholen. Aber ich habe nie ein Wort so angewandt wie dieses. Wenn ich etwas gemein oder ungerecht fand, rief ich ‚Non! Non!‘ Wenn mir jemand ein Spielzeug wegnehmen wollte, stampfte ich auf und rief ‚Non! Non!‘. Kurz gesagt, es waren für mich die *Worte* des Protestes geworden. Ich hatte ihre Bedeutung so gut erfaßt, daß ich sicher war, sie niemals falsch angewandt zu haben.

Auf der katholischen Schule

Angesichts der Tatsache, daß die beiden Hände meines Vaters nicht ausreichten, um für zehn Menschen das tägliche Brot zu verdienen, und meine Mutter die Spitzenklöpplerei, seit sie acht Kinder hatte, aufgeben mußte, war die Armut nicht mehr aus unserem Haus zu vertreiben. Mutter bat jetzt ab und zu in einem Brief an wohltätige Damen um Hilfe, und manchmal bekamen wir diese auch.

Aber es gibt nicht viele Menschen, die Gutes tun können, ohne sich in deine Angelegenheiten einzumischen. Eine Dame beispielsweise hatte beschlossen, daß ich von der staatlichen Schule abgehen und eine katholische Schule besuchen müsse; und sie hatte ein Recht darauf, nachdem sie fünf Gulden Einschreibegeld bezahlt hatte, ein Kind auf diese Schule zu schikken.

Als ich das erste Mal dorthin ging, hatte ich ein Kleid aus violetter Baumwolle an, eine weiße Schürze vorgebunden und ein blaues Band im Haar. Eine junge Schwester brachte mich zu der Klasse, in die ich gehen sollte, und sagte zu der Schwester, die vor der Klasse stand: „Das ist das Mädchen von Frau . . . ", wobei sie den Namen der Dame nannte, die die fünf Gulden bezahlt hatte. Ich schrak zusammen und sah schnell zu den Mädchen hinüber, um zu sehen, ob sie es gehört hatten. Ein Mädchen sah mich sofort mit einem angeekelten Gesicht an, aber die anderen nahmen mich freundlich auf. Das Mädchen, das hinter mir saß, fragte mich nach meinem Namen. Ich antwortete: Keetje Oldema. Sie begann mir über mein Haar zu streicheln, was mir von Kopf bis Fuß ein wonniges Gefühl gab, und obendrein war ich völlig verzückt von all dem Neuen. Hier würden sie mich einmal nicht als Paria behandeln.

Dieser Illusion sollte ich schnell beraubt werden.

Das Mädchen, das mich streichelte, entdeckte schon nach einigen Sekunden die Nissen und Läuse unter meinen prächtigen blonden Locken; ich hörte sie mit dem Mädchen neben ihr flüstern und „iii!" sagen. Inzwischen hatte das Mädchen, das den Namen von der Dame aufgeschnappt hatte, ihn an die anderen weitergegeben, und als die Schule aus war, behandelten sie mich schon mit Verachtung. Nach einigen Tagen war ich, wie überall, das schwarze Schaf. Wenn ich ankam, hielt jeder seinen Mund und wenn ich dann etwas sagte, machten sie mich lächerlich oder liefen weg.

Das Töchterchen eines Schuhputzers, das durch die Fürsorge ihrer Mutter doch immer ordentlich aussah, hatte herausgefunden, daß mein Vater der bekannte Blinde sei, der beim Begijnhof Schwefelhölzchen verkaufte, und sie nannten mich nur noch „Helle-Rote-mein-Herr", die Worte, die er gebrauchte, um die Schwefelhölzchen an den Mann zu bringen. Alles in mir geriet in Aufruhr, und ich fühlte mich im Tiefsten meiner Seele erniedrigt. Der Mann mein Vater!? Und das, wo er so ein stattlicher Friese war, sechs Fuß groß, ein Bild von einem Mann, mit strahlend blauen Augen und lockigem Haar. Der gebrechliche arme Schlucker von einem Mann mein Vater?! Mein Vater war so jung und gelenkig, daß er ein Pferd der Länge nach überspringen konnte. Ich kreischte, aber das machte sie nur noch ausgelassener. Es endete mit einer Rauferei, sie zogen an meinen Haaren, die verschorften Wunden auf meinem Kopf platzten auf, und das Blut sickerte in meinen Nacken.

Aber das war noch gar nichts verglichen mit der Misere im Winter. Wegen der Kälte durften die Kinder über Mittag nicht nach Hause und blieben eben dort. Nun waren wir zuhause gerade in einer Zeit bitterer Not: Vater hatte keine Arbeit. Am ersten Tag hatte ich angeblich meine Butterbrote vergessen, und die

Schwester ließ mich gehen. Als sie aber zum zweiten Mal sah, daß ich nichts mitgebracht hatte, ließ sie mich zu sich kommen, und ich mußte wohl oder übel unsere Armut gestehen. Die junge Frau war herzensgut, aber ohne die geringste Menschenkenntnis: sie wandte sich an die Klasse, um zu sagen, daß eine ihrer Freundinnen nichts zu essen hätte und daß diejenigen, die zuviel Brot mitbekommen hatten, ihr etwas abgeben sollten.

Da stand ich neben der Schwester, bebend vor Scham und Erniedrigung. Dann doch lieber Hunger! Hunger, den kannte ich; der Hunger schweigt, und wenn du selbst auch den Mund hälst, vernichtet er dich wenigstens in aller Stille. Aber vor den lieben Engelchen, an deren Mitgefühl appelliert wurde, hatte ich furchtbare Angst. Ich sagte der Schwester so ruhig ich konnte, daß ich nichts nötig hatte, daß Mutter schon weggewesen war, als ich zur Schule ging und daß ich abends wohl etwas essen würde. Wie groß die Not bei uns war, habe ich ihr leise anvertraut, aber dies sagte ich laut, um von den anderen gehört zu werden.

Die Schwester faßte es falsch auf. Sie beschuldigte mich, stolz und verlogen zu sein und fügte dann hinzu: „Es ist bestimmt keine Schande, arm zu sein und das auch zuzugeben. Die anderen Mädchen werden zeigen, daß sie besser sind als du."

Es gab einige, die mir abgeknabberte Brotrinden gaben. Andere brachten mir angebissene Stücke. Ich wollte nichts annehmen, fest entschlossen, lieber von der Schule wegzubleiben als solche Erniedrigungen schlucken zu müssen.

Als die Schule aus war, lauerten die Mädchen mir auf und begannen, mich zu traktieren. Mit Händen und Füßen verteidigte ich mich, und ein Mädchen, das mein Gesicht aufkratzen wollte, bekam es mit einem Hieb, den sie für ihr Leben nicht vergessen wird, zurückgezahlt. Aber sie drängten mich gegen eine Mauer und trieben mich in die Enge, sie schlugen mich, zogen mir an den Haaren und bespuckten mich, bis mich ein Passant befreite, indem er die Meute auseinander stieß.

Zuhause flehte ich Mutter an, mich nicht mehr zur Schule zu schicken, weil ich wegen meiner Läuse und unserer Armut doch nichts anderes als Mißhandlungen zu erwarten hatte. Sie antwortete, daß ich sowieso zuhause bleiben müßte, um auf die Kinder aufzupassen. Sie war gezwungen, tagsüber die Wohltätigkeitsvereine abzuklappern, um bei der Verteilung von Spenden noch etwas abzubekommen, weil unser arbeitsloser Vater in eine andere Stadt gezogen war, um Beschäftigung zu suchen.

All unsere Kleinen sind auf diese Art in der Schule behandelt worden. Kees und Naatje kamen ständig mit übel zugerichteten Gesichtern und tränenüberströmt nach Hause. Kees war so naiv, denen, die sein Schwesterchen quälten, zu sagen: „Wehe, wenn ihr es wagt, meine Schwester zu schlagen."

Und während er versuchte, sie zu verteidigen, weinte er große Tränen.

Die Erbsensuppe

Mutter hatte vier Gutscheine bekommen, für vier Portionen Erbsensuppe. Man mußte sie aber selbst holen. So gut es ging, machten wir unser einziges Holzeimerchen, das für alle Zwecke gebraucht wurde, sauber. Mit einem weißen Teller als Deckel darauf schien es uns sehr manierlich auszusehen. Wir hatten zu der Zeit noch nie Suppe geholt, und Mutter war das recht peinlich mit dem Eimerchen, zeigte es doch deutlich, wo wir hingingen. „Suppenholer! Suppenholer!" riefen uns die Straßenjungen nach. Darum machte Mutter, um die belebte Hauptstraße zu vermeiden, einen großen Umweg durch die Gassen mit den Seemannskneipen.

Beim Lutherschen Waisenhaus, wo die Suppe ausgegeben wurde, mußten wir uns anstellen. Mutter traute sich nicht. Sie gab mir den Eimer und wartete ein Stückchen weiter weg. Nach einer Weile kam ich mit einem Eimerchen heißer Erbsensuppe zurück. Es hatte gefroren und war glatt. Ich hatte Mutters große Holzschuhe an und mußte mich mit meiner freien Hand am Treppengeländer vor dem Waisenhaus festhalten. Aber weil es glatt war, rutschte ich unter dem Geländer durch, fiel auf den Rücken, und die Hälfte der Suppe floß auf die Straße. Ich fing an zu weinen. Ein alter Mann kam mir zu Hilfe und zog mich hoch. Dabei brummelte er, daß so etwas auch keine Last für ein kleines Mädchen wäre. Er wollte eben mein Eimerchen nehmen, da sagte ich ihm, daß meine Mutter gerade käme.

„Deine Mutter? Merkt die das jetzt erst?"

Und Mutter stand mitten auf der Straße und guckte nur, gedemütigt und rot angelaufen vor Scham und Wut, vor allem, als ich auf sie gezeigt hatte. Als der Mann mich zu ihr hinbrachte und mit seiner Verwunderung nicht hinter dem Berg hielt, wußte sie nichts besseres zu antworten als: „Mit dem Gör ist auch nichts anzufangen!“

Ich war elf Jahre alt.

Sie griff sich den Eimer, warf mir einen wütenden Blick zu und ging mit ihrem schon wieder schwangeren Leib hin- und herschwankend, auf dem selben Umweg, durch die Hurengassen, wieder nach Haus. Ich folgte in einem kleinen Abstand. Bedrückt kamen wir zu Hause an.

Um das Maß voll zu machen, schmeckte die Suppe nach dem Eimer, der ja für alles benutzt wurde.

Katechismus und erste Kommunion

Seit zwei Jahren folgte ich dem Katechismusunterricht, um meine erste Kommunion zu empfangen, aber jedes Jahr wurde ich wieder in die nachfolgende Gruppe zurück gesetzt, weil ich meine Lektion nie konnte. Der ständige Krach von acht Kindern in unserem einzigen Zimmer machte es mir unmöglich, meinen Katechismus zu lernen. Und dennoch wollte ich, ganz bestimmt: nicht weil ich so gläubig war, denn der Gottesdienst hat mir nie etwas bedeutet, aber ich bekam heraus, daß man mich für einen Dummkopf hielt, und das wollte ich auf gar keinen Fall. Außerdem würde ich für mein Kommunionfest wenigstens ein einziges Mal von Kopf bis Fuß neu gekleidet werden.

Ich hatte mir selbst also geschworen, dieses Jahr meine erste Kommunion zu bekommen. Um meine Lektion zu lernen, wählte ich einen Treppenabsatz an einer der Grachten aus; mit meinem Rock wischte ich eine Stufe ab und begann die Fragen und Antworten auswendig zu lernen. Es lief wie am Schnürchen; ich, die von sich selbst gedacht hatte, daß sie nicht lernen konnte, behielt Antworten von sechs oder sieben Zeilen, auch wenn ich sie nur zwei oder drei mal wiederholt hatte. Ich hatte es geschafft. Das erste Mal, daß ich wieder zum Katechismusunterricht kam, hörte der alte Pastor alle Mädchen außer mir ab. Schließlich hob ich völlig verschüchtert meinen Finger hoch.

„Sie vergessen mich, Herr Pastor," sagte ich.

„Kind, du kannst nie etwas davon."

„Aber jetzt schon, Herr Pastor."

„Gut, dann komm mal her."

Ich sagte meine Lektion ohne zu stocken. Als ich damit fertig war, faßte er mich ans Kinn und sah mich an.

„Du kannst deine Lektion sogar sehr gut, wie hast du das gemacht?“

„Ich konnte zu Hause nicht lernen, wegen des Lärms und weil sie mich nie in Ruhe ließen. Jetzt setze ich mich draußen auf eine Treppe, dort bin ich allein und kann in aller Ruhe lernen.“

„Auf einer Treppe? Du lernst deine Lektion auf einer Treppe? Und wenn es regnet?“

„Es hat noch nicht geregnet.“

Er schüttelte seinen Kopf.

Als es dann doch anfing zu regnen und sogar Schnee fiel, suchte ich einen Unterschlupf in den Klos, die damals unter manchen Brücken Amsterdams zu finden waren. Es dauerte nicht lange, bis ich eine der besten aus dem Katechismusunterricht war, und wenn sich der alte Pastor ein bißchen mit dem Abhören beeilen wollte, wählte er mich oft aus, um ihm dabei zu helfen. Einmal bat er mich, vier Mädchen abzuhören.

Eine davon war ein indischer Mischling aus der großen Welt, – wenn es regnete, wurde sie mit einer eigenen Kutsche gebracht. Sie sah mich mit so viel Widerwillen an, daß ich davon ganz verlegen wurde. ‚Was ist denn jetzt los‘, schien sie zu sagen, ‚muß dieses Läusekind mich abhören?‘ Sie mußte ihre Antworten wohl oder übel herunter leiern: der Pastor hatte es so gesagt, aber sie tat es so leise, daß ich sie kaum verstehen konnte. Dennoch sagte ich, um mich einigermaßen gut aus der Affäre zu ziehen:

„Es ist ausgezeichnet, Fräulein, ich werde dem Herrn Pastor sagen, daß Sie Ihre Lektion sehr gut können.“

Sie preßte ihre dunklen Lippen zusammen und sagte ‚pöh‘ mit soviel Verachtung in der Stimme, daß ich anfing zu stottern.

In diesem Winter mußten wir aus unserem Haus in der Sackgasse heraus, und eigentlich sollte ich dann den Katechismusunterricht in der Kirche unseres neuen Pfarrbezirks bekommen. Aber ich wollte das bunte Heiligenbild haben, welches man erhielt, wenn man zehn mal seine Lektion gut gekonnt hatte; ich hatte schon sieben gute Punkte, und der alte Pastor hatte mir ein extra schönes versprochen, weil er jetzt doch gesehen hatte, daß ich ein tüchtiges Mädchen war. Ich ging also weiterhin in meine alte Kirche.

Aber ausgerechnet an dem Tag, an dem ich meinen zehnten Punkt bekommen sollte, gab der Kaplan den Katechismusunterricht, und als wenn es noch nicht genug wäre, streckte ich dem indischen Halbblut meine Zunge heraus, gerade als er sich zu unserer Gruppe umdrehte. Er wurde böse und sagte, daß es ein Mangel an Ehrfurcht Gott gegenüber wäre, wenn man seine Zunge in Seinem Haus herausstreckt. Zur Strafe ließ er mich vor dem Hauptaltar niederknien, mit den Armen über meinem Kopf und einem Hocker in jeder Hand. Als alle weg waren, stellte ich einen Hocker hin, weil zwei zu schwer waren, und mit beiden Händen hielt ich den anderen so hoch ich konnte. Aber von meinem Kummer überwältigt, daß ich meinen zehnten guten Punkt nicht bekommen hatte, stellte ich schließlich auch den zweiten Hocker hin. Vom Weinen geschüttelt und fluchend wie mein Vater legte ich mich lang hin vor dem Altar, ohne mich vom lieben Gott stören zu lassen.

So wurde ich von einem der Dienstboten des Pfarrhauses gefunden. Sie fragte, warum ich so weinte. Ich erzählte es und fügte hinzu, daß meine zehn Punkte unwiderruflich verloren waren, denn um meine erste Kommunion zu erhalten, mußte ich zu dem anderen Pastor. Sie ging ohne ein Wort des Trostes weg, aber kurz darauf kam der Kaplan herein, mit einer Rolle weißen Papiers unter seiner Robe. Er frage mich, ob ich es bereut hatte, mich so wenig ehrerbietig verhalten zu haben, und als ich ja sagte, gab er mir das Bild:

einen Sankt Peter mit den Himmelsschlüsseln. Lieber hätte ich eine Himmelfahrt von Maria gehabt, wegen der Blumengirlanden, die um sie herum schwebten, aber na ja, es war wenigstens ein selbstverdientes Bild.

In der Schule hatte ich nie einen Preis bekommen, weil ich immer so schmutzig aussah, mit zerrissenen Kleidern herumlief und, nun ja, einen schlampigen Eindruck machte. Außerdem war es so, daß wir ständig umziehen mußten, wenn wir nicht wegen der rückständigen Mieten auf die Straße gesetzt werden wollten, und Mutter ließ alles so schleifen, daß es manchmal sechs Monate dauerte, bevor sie uns von der einen Schule auf die andere umschreiben ließ. Ich kam dann auch immer als letzte in die Klasse, übrigens wie alle meine anderen Geschwister. Dennoch war ich imstande, alles zu lernen, was sie von mir wollten, und ich war für sämtliche Fächer begabt. Meine Stimme war so gut, daß sich einer der Lehrer immer neben mich setzte und seinen Kopf zu mir hin neigte, wenn wir mit der ganzen Klasse singen mußten. Im Gymnastikunterricht mußten Jungen und Mädchen auf die Leitern klettern; aber ich, gelenkig wie eine Katze, mußte nach der dritten Sprosse immer wieder herunter. Dann hatte der Lehrer gesehen, wie schäbig meine Unterwäsche war, und er traute sich nicht, mich höher klettern zu lassen. Und dennoch, was hätte ich nicht alles dafür gegeben, ganz nach oben zu klettern! Und so ging es mit allem.

Die erste Kommunion rückte näher. Der Pastor unserer neuen Pfarrei war erst vor kurzem ernannt worden; er glühte vor Eifer, war dabei sehr feinfühlig und gutherzig und bemühte sich wirklich sehr, aus diesem feierlichen Ereignis etwas Schönes zu machen. Anstatt den armen Kindern Uniformen zuzuteilen, an denen sie zu erkennen waren, vereinbarte er mit den wohlhabenden Damen der Pfarrei, den Müttern das

Geld für die Kommunionskleidung zu geben.

Mutter und ich hatten schon oft über die Uniform gesprochen, wodurch ich eigentlich gekennzeichnet sein würde, aber jetzt bekam sie zehn Gulden, und wir konnten kaufen, was wir wollten. Ich bekam einen kleinen weißen Hut mit einem Schleier um den Rand, ein graues Kleid mit aufspringenden Falten, die sehr gestärkt waren, so daß es mehr einem Köcher ähnelte als einem Kleidungsstück, Stiefel mit Schnürsenkeln aus weißer Seide und zwei Quasten auf dem Fuß und Handschuhe aus weißem Garn. Eine Dame schenkte mir Unterwäsche von ihrer Tochter, so schön gewaschen und gebügelt, daß sie schöner war als neue.

Ich hatte Naturlocken, aber am Abend vor dem Kommunionstag bekam ich drei Reihen Lockenwickler in mein Haar, und am nächsten Morgen drehte Mutter jede Locke um ein Stückchen Holz und machte sie mit gezuckertem Kaffee feucht, um sie steif zu halten; so geschah es, daß ich, von Natur aus weizenblond, an dem Tag mit braunem Haar herumlief.

Etwas später zog ich meine Kleider an und zitternd, weil ich so schön war, ging ich mit meiner Mutter zur Kirche. Ich ging zwei Schritte vor ihr, mit einem kleinen auseinandergefalteten Batisttaschentuch in meiner linken und meinem Gebetbuch in der rechten Hand.

Alle Mädchen waren ein bißchen bleich, weil sie morgens noch nichts hatten essen dürfen, aber für mich bedeutete das nichts – darin war ich geübt. Ob wir arm oder reich waren, wir zeigten einander alle unsere Kleider, unsere Schuhe und sogar unsere Unterwäsche. Was mich betraf, war ich noch am meisten stolz auf die Quasten auf meinen Schuhen, und jedesmal hob ich wieder mein Kleid hoch, nur um sie zu zeigen.

Der Pastor hatte es fertig gebracht, mich sehr ängstlich zu machen. Er hatte gesagt, daß die Kinder, die nicht vollkommen aufrichtig waren, am Tage der Kommunion sicherlich krank werden würden, oder, wenn sie zur Kommunionbank gingen, tot umfallen würden; ferner, daß wir die Hostie schmelzen lassen mußten, denn, wenn man darauf beißen würde, würde einem das Blut aus dem Mund strömen.

Nun gab ich eigentlich nichts auf die Religion. Als Märchen fand ich die Geschichten von Aschenputtel und Däumling viel schöner, als die von allen möglichen Heiligen. Trotzdem war ich so ängstlich wie nie zuvor. Ich war davon überzeugt, daß Gott mich sehr wohl strafen könnte, weil ich mich, trotz meiner guten Absichten, noch nicht sehr viel um ihn kümmerte, und während ich zum Altar ging, bat ich um Glauben und Aufrichtigkeit: ‚Gott, mach, daß ich aufrichtig bin, wenn ich dir sage, daß ich dich lieb habe; gib mir Glauben, ich flehe dich an!'

Ich hatte noch einen Milchzahn, und dahinter war ein neuer Zahn durchgekommen, ein sehr spitzer, mit dem ich mir ab und zu empfindlich auf die Zunge biß. Und wahrhaftig, in dem Augenblick der Kommunion klapperten meine Zähne so heftig, daß ich beim Schließen meines Mundes die Hostie gegen meinen spitzen Zahn drückte. Ich begann zu wanken und zu schwanken, als ob ich betrunken wäre; ich erwartete, das Blut aus meinem Mund strömen zu sehen, die Kleider der anderen zu bespritzen und mein eigenes Kleid zu verderben. Was für ein Skandal würde das sein! Ich sah mich schon vom Pastor aus der Kirche gejagd, und die Leute vor mir zurückschrecken wie vor einer Aussätzigen. Außerdem würden sie uns nicht mehr helfen wollen, wenn Vater mal wieder von uns wegging. Sie würden sagen: ‚Eine von ihnen hat auf unseren lieben Herrn gebissen, lassen wir sie doch vor Hunger sterben!'

Ich hatte die größte Mühe, den anderen ordentlich in der Reihe zu folgen und wieder auf meinen Platz zu kommen. In der Sakristei bekamen wir zum Abschluß Brötchen und Kaffee. Eine Dame nahm mich in ihre Arme und sagte:

„Ach, das arme Kind, sie fällt fast in Ohnmacht vor Hunger!"

Ganz und gar nicht – das kam alles durch die furchtbaren Qualen, die ich gerade durchgemacht hatte. Und das, obwohl nichts geschehen war!

Ich höre die Flöhe springen

Wir bewohnten in Amsterdam, in einer feuchten, schmierigen Gasse alle zusammen einen einzigen Raum. Es war ein Zimmer, in das die Sonne niemals hineindrang. Im Winter war es ein Loch, naß und kalt, und im Sommer wurden wir wegen der feuchten Hitze krank. Es gab dort nichts außer einem Wandbett, das sich ziemlich hoch über dem Boden befand, wie in einem Fischkutter, und das in einen oberen und einen unteren Teil abgetrennt war, ähnlich wie in einem Schrank mit Brettern. Vater und Mutter schliefen unten, ein paar Kinder oben, die anderen auf dem Boden, auf den abends ein Strohsack gelegt wurde. In einer Ecke stand eine Tonne, die der Familie als Klo diente, in einer anderen lagen schmutzige Windeln und weiterhin alles mögliche Gerümpel, was man in so einem heruntergekommenen Haushalt erwarten konnte. Der Rauch von Vaters Pfeife und die Ausdünstungen von zehn armen Menschen waren die Ursache dafür, daß man im Zimmer ununterbrochen nach Luft schnappte. Einmal, in einer heißen, schwülen Nacht, lag ich zwischen drei anderen Kindern im obersten Teil des Bettes. Sie schliefen. Ich konnte nicht, warf mich von der einen Seite auf die andere, auf der grobleinenden Matratze gefüllt mit Haferhülsen, die, zu Staub zerfallen und mit Kinderpipi durchtränkt, zu einer kratzenden Masse geworden war. Das Leinen scheuerte und brannte auf meiner Haut; die Flöhe ärgerten mich zum Verrücktwerden; ich erstickte fast und hatte Ohrensausen, wodurch ich anfing, mir verschiedene Sachen einzubilden. Leise rief ich meine Mutter und sagte ihr, daß ich nicht schlafen könnte, weil ich die Flöhe springen hören würde.

„Du hörst die Flöhe springen? Was für ein albernes Kind; mußt du mich deshalb aufwecken? Du hälst den Mund, verstanden? Ich bin fix und fertig und will schlafen."

Ich hielt meinen Mund, wurde aber immer unruhiger. Zum Schluß konnte ich es nicht mehr aushalten; ich ließ mich am Seil herunter, zog mich an und ging auf die Straße. Es wird ungefähr vier Uhr morgens gewesen sein. Keiner war auf der Straße, die Weckleute ausgenommen. Das waren Leute, die für fünf Cent in der Woche die Arbeiter weckten und dabei so ein Spektakel machten, daß die ganze Nachbarschaft aus dem Schlaf hoch schreckte. Aber sonst – kein lebendes Wesen zu sehen. Die Geschäfte auf dem Nieuwendijk waren geschlossen, alles war ruhig, mein Gott, tat mir das gut!

Ich ging zum Hoge Dijk, der ein Stück in den Fluß Ij hineinragte. Der Hoge Dijk war mein Lieblingsspazierweg, oft schwänzte ich deshalb die Schule mit meiner kleinen Schwester Naatje. An beiden Seiten schlug der Ij gegen die Deichbefestigung, man fand dort Muscheln, und am Ende des Deiches lag eine Oase mit Bäumen und etwas Gras, wo Blumen blühten. Als ich auf den Deich kam, gaben mir der frische Wind – vom Wasser her – und die Morgenkühle ein Gefühl der Erleichterung, so daß ich die Luft jauchzend durch meine Lungen strömen ließ; ich hob meine Arme hoch und spreizte die Finger um besser zu spüren, wie der Wind meine brennende Haut abkühlte. So blieb ich eine Weile stehen, genoß es in vollen Zügen, und danach ging ich weiter, um Blumen zu pflücken.

Als ich unter die Bäume kam, erstaunte es mich, daß der Löwenzahn und die Gänseblumen, die im Gras standen, geschlossen waren. Ich hatte nachts nie Blumen gesehen und kannte diese Erscheinung nicht; ich war sogar so erstaunt, daß so was wie Mißtrauen in mir aufkam und ich keine einzige pflückte, sondern mich ruhig auf eine Bank setzte. Nun waren dort in der Nähe Männer am arbeiten. Einer von ihnen setzte sich neben mich und sagte: „Na, kleines Fräulein, schon unterwegs? Und wo gehst du denn hin?"

Ich antwortete ihm, daß ich nach draußen gegangen war, weil ich nicht mehr schlafen konnte, aber ich achtete schon darauf, daß ich nicht über die Flöhe sprach. Danach fragte ich ihn, wie es kommt, daß der Löwenzahn und die Gänseblumen geschlossen sind.

„Oh Gott, welch ein Engelchen! Die schlafen, Schätzchen, die schlafen."

Während er das sagte, hob er mich hoch und setzte mich rittlings auf seine Knie, wie um Pferdchen zu reiten. Aber kaum war das geschehen, fühlte ich einen Stoß, fiel ins Gras und sah einen Mann, der dem Kerl auf der Bank an die Kehle sprang und ihn anschrie: „Dreckiges Schwein! Du hast schon im Gefängnis gesessen, weil du an kleinen Mädchen rumgefummelt hast, und kaum bist du draußen, da fängst du schon wieder an! Und du, was machst du um diese Zeit draußen? Hau ab!"

Das ließ ich mir kein zweites Mal sagen. Ich rannte los und kam atemlos nach Hause, wo ich wie ein Wirbelwind hereinstürzte. Meine Mutter wurde mit einem Schlag wach, und aufrecht im Bett sitzend schrie sie: „Was ist los, was ist los?"

Ich war in Gefahr, ohne mir dessen bewußt gewesen zu sein, und statt zu erzählen, was vorgefallen war, rief ich zurück: „Mutter, weißt du, warum der Löwenzahn und die Gänseblumen nachts zu sind? Na, sie schlafen, genau wie wir."

„Was, worüber redest du jetzt schon wieder? Bist du draußen gewesen?"

„Ja, auf dem Hoge Dijk, um ein bißchen frische Luft zu schnappen und Blumen zu pflücken, aber sie schlafen noch."

„Mein Gott, was für ein albernes Gör, erst hört sie die Flöhe springen, und jetzt schläft der Löwenzahn. Und mit alldem weckst du mich jedesmal von neuem auf, und ich bin fix und fertig, hörst du, ich bin fix und fertig! Na, ab, ins Bett und schlaf."

Ich dachte ja gar nicht daran. Als meine arme Mutter wieder eingeschlafen war, ging ich leise nach draußen in die Gasse und fing an, mit Murmeln zu spielen.

Enttäuschung

Sie hatten mich zu einem Wohltätigkeitsfest für Kinder eingeladen. Es wurde ausdrücklich gesagt, daß die Mütter uns hinbringen und abholen sollten, und, weil es keine Möglichkeit gab, die Mäntel irgendwo zu lassen, sollten sie auch die Hüte und Jacken wieder mitnehmen. Aber wenn Mutter die Kleinen allein lassen mußte, um mich zu einem Fest zu bringen, dann konnte ich es mir wohl aus dem Kopf schlagen. Wenn ich dort hinwollte, dann mußte ich selbst zusehen, wie ich dahin kam. Was mir das meiste Kopfzerbrechen machte, war mein Hut; ich war auf die eine oder andere Art zu der Überzeugung gekommen, daß ich weggeschickt werden würde, wenn sie merkten, daß meine Mutter nicht da war, um den Hut wieder mitzunehmen. Aber ich mußte und wollte zu dem Fest: es gab eine Tombola, und, stell dir vor, ich würde ein Nähkästchen gewinnen, der Traum meines Lebens! Denn seit meinem sechsten Lebensjahr nähte ich die Kleider und Kopfbedeckungen für meine Puppen selbst, und den fraglichen Hut, die Ursache meiner Panik, hatte ich auch selbst zusammengebastelt.

Aber gut, ich ging an diesem Abend allein hin, in strömendem Regen. Auf das Vorzeigen meiner Einladung kam ich hinein, und nachdem ich meinen Hut abgesetzt hatte, stopfte ich ihn wie eine Diebin unter meine Schürze.

Von diesem Abend ist mir vor allem das Vergnügen-auf-Befehl in Erinnerung geblieben. Wir bekamen Anismilch und belegte Brötchen; sie ließen uns unzählige Male das „Wien Neerlands Bloed“ und den „Wilhelmus“ singen, und in dem von einigen Lampions erleuchteten Innenhof mußten wir in einem schwülen Regen, der uns schwitzen ließ wie in einem türkischen Dampfbad, ‚Blindekuh‘ und ‚Vater, Vater, wie tief ist das Wasser‘ spielen. Und dann war die

Tombola an der Reihe.

„Gibt es auch Nähkästchen?"

Der Herr sah durch die Scheiben in den Schrank.

„Ja, sogar mehrere."

„Oh ja, ich sehe sie – wenn ich einen davon ziehen würde!"

Und ich sagte zu mir selbst, um mich zu bestärken: Ich bin zwölf Jahre, es wird Zeit, daß ich ein eigenes Nähkästchen bekomme, damit ich von Mutter keine mehr gelangt bekomme, wenn ich ihr Garn abreiße. Und da war alles drin in diesen Kästen: ein Fingerhut, eine Schere, kurz, alles, was man braucht.

Dann bin ich an der Reihe. Ich ziehe ein Los, der Herr faltet es auseinander und sagt: „Drei Bilder". Und er sucht drei Bilder mit Kriegsschlachten drauf für mich aus.

Das Fest war mir jetzt gleichgültig. Für mich war es mal wieder die soundsovielste Enttäuschung. Sobald die Tür aufging, schlüpfte ich hinaus, setzte meinen Hut auf und lief im Regen die Brücken und Grachten entlang zurück nach Hause. Es war spät, bestimmt schon zehn Uhr. Die Bilder mit den Kriegsschlachten schenkte ich einem meiner Brüder, und weinend kroch ich ins Bett.

Vater schlägt vor, uns zu verlassen

Die Frau, der unser Haus gehörte, hatte eine Scheltkanonade zum Besten gegeben, weil wir ihr noch für zwei Wochen Miete schuldeten. Danach waren wir aufgeregt ins Bett gekrochen: die kleinen Kinder, die auf den Strohsäcken auf dem Boden lagen, waren schon bald eingeschlafen, aber ich konnte es nicht.

Meine Eltern lagen im Wandbett und unterhielten sich. Vater schlug Mutter vor, die Kinder zu verlassen und sagte dazu, daß die Stadt ganz bestimmt für sie sorgen würde und daß sie dann nicht mehr so viel Hunger und Kälte ertragen müßten wie jetzt. Er sei mit seinen Kräften am Ende, sagte er, und das, obwohl er doch erst achtunddreißig sei. Mutter würde zweifellos keine Kinder mehr bekommen, und dann könnten sie zusammen noch etwas aus ihrem Leben machen. Mutter antwortete: „Nein, die Kinder im Stich lassen, niemals!"

Ich hatte alles von meinem Bett aus gehört. Eine ungeheure Angst ergriff mich. Ich wollte meine Geschwister wecken, um sie zu warnen oder meine Eltern anzuflehen, uns nicht allein zu lassen, aber aus Angst vor einer Tracht Prügel wagte ich es nicht. Ich kroch auf meinem Bauch zur Tür und legte mich quer davor, um sie daran zu hindern, sich aus dem Staube zu machen.

Meine Eltern, die etwas gehört hatten, schwiegen plötzlich. Mutter sagte: „Das ist Keetje, die hat bestimmt etwas aufgeschnappt; nach dem, was heute abend geschehen ist, bekommt sie sicher kein Auge zu."

„Ach wo", sagte Vater, „das sind die Ratten." Er rief noch: „Keetje, Keetje!" Aber ich blieb mucksmäuschenstill. „Sie schlafen alle," fuhr er fort. „Wenn du willst, dann komm' morgen um zwölf Uhr zum

Stall, dann hauen wir ab. Morgen ist Zahltag, wir haben also ein bißchen Geld, um das Boot zu nehmen und sind damit bald ein ordentliches Stück weg von hier."

„Nein, nein, ich lasse meine Kleinen nicht im Stich".

Dann schwiegen sie.

Gegen morgen fiel ich vor der Tür in Schlaf. Mutter fand mich dort, als sie aufstand, um für Vater Kaffee zu kochen. „Siehst du es nun? Ich dachte es mir schon, sie hat es gehört und wollte uns daran hindern wegzugehen."

Vater sprang aus dem Bett, zog sich im Nu an und lief aus dem Haus, ohne auf den Kaffee zu warten.

Gegen zwölf spielte ich mit den Kleinen Schule und setzte sie dabei alle in einer Reihe auf die Schwelle. Mutter ging nicht aus dem Haus.

Ganz gespannt wartete ich den Abend ab. Als Vater endlich wiederkam, warf ich mich mit einem lauten Schrei in seine Arme. Er hob mich, ohne etwas zu sagen, hoch und ließ mich während des Essens auf seinem Schoß sitzen. Dann streichelte er mir über das Haar, und mit heiserer Stimme sagte er: „Keetje, ich bin so oft todmüde, und wenn man uns dann so anschnauzt wie gestern abend, dann weiß ich nicht mehr, was ich tue."

„Vater", sagte ich, „darf ich heute nacht zwischen dir und Mutter schlafen? Das finde ich so schön! Darf ich?"

„Ja, meine Keetje, mein liebes Kätzchen, mit deiner Puppe, hm?"

„Nein, Vater", flüsterte ich, „nur mit euch beiden."

Und ich war unaussprechlich glücklich.

Ich mache Besuche

Eines Morgens sagte Mutter: „Keetje, du brauchst heute nicht zur Schule. Du besuchst heute Frau Smeders, und danach mußt du Frau Rendel von mir grüßen."

„Aber sie finden es gar nicht gut, wenn ich zu ihnen komme."

„Wir haben aber keine andere Wahl, Keetje. Sie geben uns jedesmal ein Brot; wir können auf diese Besuche einfach nicht verzichten."

Die Familien Smeders und Rendel waren Nachbarn von uns gewesen.

Ich ging durch den Schnee auf dem Weg zum anderen Ende von Amsterdam, wo sie wohnten. Erst zu Smeders, die genau wie wir Arbeiter waren, sogar in einer schlechteren Stellung. Der Mann, der Dockarbeiter war, hatte kein Handwerk gelernt, während mein Vater ein sehr guter Kutscher war und im Dienst bei einem großen Fuhrunternehmer stand; er hatte eine schöne Peitsche mit goldverziertem Griff, und wenn er bei Hochzeiten und bei Beerdigungen auf dem Kutschbock saß, trug er ein weißes Halstuch. Aber Smeders hatten nur ein Kind, das die meiste Zeit bei der Großmutter zuhause war, und bei uns waren es acht, wofür mein Vater ganz allein sorgen mußte. Es war eine große Erniedrigung für uns, bei Unseresgleichen um milde Gaben anklopfen zu müssen.

Ganz verlegen zog ich meine Holzschuhe aus, unten an der Treppe, die mit Kreidelauge blank gescheuert war und fast senkrecht nach oben ging. Beim Hinaufsteigen hielt ich mich an dem Tampen fest, der als Geländer diente. Oben klopfte ich ängstlich und zitternd an die Tür; als ich Antwort bekommen hatte, machte ich sie auf und trat in das Zimmer. Frau Smeders sah mich sehr kühl an.

„So, bist du das, Keetje, und das bei solch einem

Wetter. Paß auf, du machst die Matte noch ganz naß. Setz' dich dort 'mal hin (und sie wies mir einen Stuhl nah' bei der Tür an) und laß' Deine Füße hängen, denn sonst machst du die Sprossen auch noch dreckig."

„Ja, Frau Smeders. Meine Strümpfe sind naß, weil meine Holzschuhe Löcher haben."

Sie fuhr fort mit dem Stärken ihrer weißen Hauben und des Chemisetts, das ihr Mann sonntags trug. Ihre Bewegungen waren träge, aber sehr genau. Wie immer hatte sie ein schwarzes Kleid aus Merinowolle an, sechs Ellen weit, und eine Jacke aus violetter Baumwolle, mit abfallenden Schultern, in der Taille gerafft und weit zu ihren Knien fallend. Sie trug weiße Strümpfe und bestickte Pantoffeln, grün mit roten Blumen. Um den bloßen Hals trug sie eine vierreihige Kette aus Blutkorallen mit einem Verschluß aus goldenem Filigran, und auch ihre Ohrringe waren aus Blutkorallen. Sie hatte ihr sandfarbenes Haar zu Ringellocken gedreht, die von Pommade schimmernd über ihre Ohren hingen. Das unaufhörliche Zittern ihrer weiten Nasenflügel und der forschende Blick ihrer blauen Augen gaben mir immer ein unangenehmes Gefühl: ich würde nicht gern Streit mit ihr gehabt haben.

Die behagliche Wärme des Ofens stieg mir leicht in den Kopf; es schien so, als ob über allem ein Schleier hing. Jedes Mal, wenn ich hierher kam, betrachtete ich das Zimmer mit der niedrigen Decke und den orangefarbenen Balken mit Erstaunen; alles war so ordentlich und so blitzsauber, daß ich ganz verwirrt davon wurde.

Mitten auf dem sorgfältig gescheuerten Fußboden lag ein großes Stück Segeltuch, das gelb gefärbt und am Rand orange war. Es wurde alle zwei Jahre neu eingefärbt. Überall lagen kleine Teppiche; vor und unter den vor dem Fenster aufgestellten Tisch (auf dem auch ein Stück Segeltuch lag) waren Teppichstücke in vielen verschiedenen Farben gelegt. Vor den Schiebefenstern standen Geranientöpfe, die im Sommer draußen hingen; dort hingen karierte Musselinvorhänge, von gelben Bändern aufgenommen, und in der Mitte davon prunkte ein Fenstervorsatz aus einem blauen Drahtgeflecht, ‚damit die Nachbarn einem das Essen nicht aus dem Mund gucken'. Vor den Fenstern waren Wäscheleinen gespannt, an denen bei gutem Wetter die roten Flanellhemden des Hausherrn hingen.

Entlang der mit Bildern geschmückten Wände standen Stühle, die mahagonifarben gestrichen waren, und in der Ecke eine Kommode aus echtem Mahagoniholz, verziert mit Kupferbeschlägen um die Schlösser und mit einem Segelschiff darauf, gebaut von Herrn Smeders, der früher zur See gefahren war. Auf dem Tisch stand ein rundes Glasgefäß mit einem Goldfisch darin und dicht neben dem Stuhl des Hausherrn ein Spucknapf aus blauem Steingut; unter dem Tisch zwei hölzerne Fußwärmer.

Eine süße Betäubung begann mich zu überwältigen: die Behaglichkeit, die so ganz im Gegensatz zu dem stand, was ich gewohnt war, brachte mich zum Phantasieren. Wenn Vater diesen herrlichen Korblehnstuhl nur hätte, um abends die Beine auszustrecken, was würde er es dann nur gut haben, schön darin versunken und mit einem Fußwärmer unter den Füßen, um seine Strümpfe zu trocknen! Denn das will was heißen, bei solchem Wetter draußen zu stehen, um Pferdewagen sauber zu machen; Vaters Hände sind aufgeschwollen wie Kissen, und nachts bereiten die Risse ihm solche Schmerzen, daß er davon fast nicht schlafen kann. Ich könnte dann auf seinem Schoß sitzen, wenn er sein Pfeifchen rauchte. Der Spucknapf könnte gut aus dem Zimmer verschwinden, denn Vater priemte nicht.

Meine Augen irrten wieder herum und blieben

beim Wandbett stehen, das unterteilt und genau wie die Decke organgefarben war, versehen mit kleinen violetten Vorhängen, die mit Bändern gerafft waren; man konnte das Bettzeug liegen sehen, die rot-weiß karierten Laken und Kissenbezüge hübsch geordnet. Unter dem hohen Schornsteinsims, abgesetzt von einer geblümten rosa Borte, ragte ein länglicher Ofen in den Raum, mit Messing verziert; darauf ein Kessel und ganz außen stand der Kohleneimer, der aus Messing und Kupfer war.

Frau Smeders brachte ihren Tag mit Putzen und Scheuern zu, daß alles so glänzte, wie nur möglich. Das Zimmer war erfüllt von dem Geruch von Terpentin und Spiritus, die zum Herstellen von Waschlaugen und anderen Dingen gebraucht wurden, die notwendig waren, um alles zu putzen. Ich wurde ganz verlegen darüber, aber zugleich hätte ich furchtbar gern in dieser kleinen sauberen, reinlichen Welt leben wollen; nur würde ich dann eine andere Mutter haben, und Dirkje, Naatje und Keesje wären dann auch nicht mehr da. Nein, dann doch lieber nicht, für kein Geld würde ich sie missen wollen! Ich bekam einen Kloß im Hals und begann stark auf meinem Stuhl hin- und herzurutschen.

„Wackel doch nicht so auf deinem Stuhl herum, Keetje, du machst mit den Stuhlbeinen noch den Teppich kaputt."

Einige Augenblicke lang rührte ich mich nicht. Wenn sie hier mal alle losgelassen würden! Dirk, der auf seinem kleinen Hintern hin-und-herrutschte und noch nicht trocken war – was würde das für eine schöne Schweinerei geben! Ich lachte in mich hinein, traute mich aber nicht zu zeigen, was in mir vorging.

„Wie geht's deiner Mutter, Keetje? Hat sie schon gesagt, wann sie sich wieder ein Kind kauft?"

„Glauben Sie, daß Mutter die kleinen Kinder kauft, Frau Smeders? Ich glaub' eher, daß wir sie aufgezwungen bekommen! Wir haben nicht mal Geld, um uns Öl für die Lampe zu besorgen. Wenn Sie sie kaufen, nun ja, aber wir! Vater und Mutter sagen immer, daß es ein schweres Los ist, aber daß man nichts dagegen tun kann."

Frau Smeders sah mich mit offenem Mund an und antwortete nicht. Sie nahm eine Pfanne vom Haken, setzte sie aufs Feuer und goß Öl hinein. Danach ging sie zum Wandbett, um eine Schüssel mit Pfannkuchenteig herauszuholen, den sie dort hingestellt hatte, damit er aufgeht, und fing dann an, Pfannkuchen fürs Mittagessen zu backen. Sie ließ das Öl braun werden, goß mit einem Schöpflöffel den Teig hinein, ließ ihn an beiden Seiten herrlich goldbraun backen, legte die Pfannkuchen dann auf einen Teller und goß Sirup darüber. Anschließend bedeckte sie die Pfannkuchen mit einem Teller und stellte sie zwischen Matratze und Daunendecken, um sie warm zu halten. Nachdem sie sich die Finger abgeleckt hatte, stellte sie zwei Teller auf den Tisch, legte Messer und Gabeln aus glänzendem Zinn daneben und stellte noch eine Schüssel mit kaltem Hering dazu, der knusprig braun gebacken war: das gab es zu den Kartoffeln.

O, wenn sie mir nur einmal einen kleinen Hering oder einen Pfannkuchen gäbe, dann würde ich schon gerne mal den Abwasch für sie machen und bis zum Abend für sie arbeiten. Aber sie ging zum Schrank, holte ein Schwarzbrot heraus, gab es mir, ohne es einzupacken, und sagte:

„So, und jetzt mach', daß du wegkommst! Mein Mann kommt gleich zum Essen, und er hat es nicht gerne, wenn Fremde hier sind. Grüß deine Mutter von mir."

„Vielen Dank, Frau Smeders, und grüßen Sie Ihren Mann."

Ich nahm meine Holzschuhe, die an der Tür standen, ging wieder nach unten, während ich mich am

Tampen festhielt und durch den schmelzenden Schnee, der wieder in meinen Holzschuhen quatschte, überquerte ich die Straße und ging zu unserer anderen ehemaligen Nachbarin.

Es hieß, daß Frau Rendel einmal eine Dame gewesen war, aber unter ihrem Stand geheiratet hatte. Ihr Mann war Lieferant in einem Transportunternehmen. Sie hatten fünf Kinder, litten bestimmt keinen Mangel und lebten in einer Parterrewohnung. Frau Rendel versorgte morgens den Haushalt und verließ mittags pünktlich das Haus in einem grauen Tweedkleid mit einem großen Reifrock und einem schwarzen Schal mit lila Borte, den sie von oben mit einer großen Kamee-Brosche festgesteckt hatte. Um die Taille hielt sie den Schal unter ihren gefalteten Händen zusammen, und hinten hing die Spitze bis zum Boden herab. Sie trug eine Haube aus grauem Satin mit violetten Bändern, die unter dem Kinn zu einer Schleife gebunden waren und dann noch sehr tief herunterhingen; an den Schläfen waren unter dem Hutrand graumelierte Locken zu sehen. Ihre zu großen Schuhe mit den niedrigen Absätzen waren aus Lasting und hatten Schnürsenkel an der Seite; sie trug eine große Tasche aus schwarzem Tuch über dem Arm, hatte Handschuhe mit einem Knopf an, die an den Fingerspitzen gestopft waren, und trug ein auseinandergefaltetes weißes Taschentuch in der Hand.

In dieser ehrfurchtgebietenden Aufmachung ging Frau Rendel mitten über die Straße, wobei sie die Nachbarn mit zierlichem Kopfnicken nach links und rechts grüßte. Sie besuchte ihre ehemaligen Freundinnen und kam abends zurück mit einer vollgestopften Tasche oder mit Päckchen, die unter ihrem Schal verborgen waren, und am nächsten Morgen konnte sie ihre kleinen Schulden bezahlen. Sie empfing mich gnädig und fragte, ob Mutter schon ein Kind gekauft hätte.

„O nein, Frau Rendel, so dumm wäre Mutter bestimmt nicht! Es ist bloß im Moment alles so elend bei uns: sehen Sie nur mal meine Holzschuhe. Nein, ein Kind würde sie nicht kaufen, und im übrigen haben wir schon acht."

„Ist ja gut, Keetje, ist ja schon gut. Komm mal rüber zum Ofen. Es ist schlechtes Wetter, nicht wahr, Mädchen?"

Zumindest hatte sie keine Angst um ihren Fußboden. Ich fühlte mich bei ihr zwar behaglicher, aber das andere Zimmer war schöner. Hier lagen Schuhe unter dem Tisch herum, der Schal hing über einem Stuhl, Hüte lagen verstreut auf den Möbeln, und in den Ecken befand sich Spielzeug. Sie selbst trug ein altes Kleid voller Flecken und Lockenwickler im Haar.

Doch auf dem Ofen wurden Kartoffeln gekocht, und in einer Bratpfanne brutzelten Frikadellen. Es waren neun Frikadellen: für jedes Kind eine und für jeden Erwachsenen zwei. Wenn Frau Rendel von jeder Frikadelle ein ganz kleines Stückchen wegnähme, könnte sie daraus noch eine machen und sie mir geben. Dem Duft nach zu urteilen würde sie lecker schmecken. Komisch, nicht? Wie die Leute es bloß schaffen, all die leckeren Sachen zu bekommen. Bei uns gibt es nie sowas, nicht an Geburtstagen, nicht zum Nikolaustag, nicht zu Weihnachten, nie und nimmer! Und bei anderen ist immer was da. Es vergeht kein Tag, an dem nicht neun Frikadellen auf dem Feuer stehen.

Der Mann kam mit der ältesten Tochter zum Essen nach Hause; sie war bei einer Putzmacherin in der Lehre; beide waren sehr herzlich zu mir. Dann ging Frau Rendel in den Garten, ließ sich vom Bäcker, der neben ihr wohnte, ein Schwarzbrot herrüberreichen und gab es mir, wobei sie sagte:

„Keetje, du hast noch ein ganz schönes Stück zu

laufen. Darum geh' jetzt mal lieber, Kindchen, und bestell' deiner Mutter noch schöne Grüße."

Alle brachten mich freundlich zur Tür; die älteste Tochter sagte auch noch, daß ich Grüße bestellen sollte, und ich ging wieder zurück ans andere Ende von Amsterdam, beladen mit zwei Kilo unverpacktem Schwarzbrot.

Der Schnee fiel in dichten, großen Flocken. Als ich in unsere Gasse kam, war dort eine große Geschäftigkeit unter den Frauen, die hier wohnten, und zuhause wurde ich durch das Geschrei eines neugeborenen Kindes überrascht.

BROODBAKKERIJ
VAN
M.WERKENDAM

Kreisel und Drachen

„Ich wollte, ich hätte einen Kreisel," sagte Dirk, „so groß wie der Wasserkessel, und der soll beim Drehen genauso laut wie tausend Bienen brummen."

Wenn Dirk mit seinem Kreisel auf dem Kai spielte, lag er immer auf seinen Knien, beide Hände daneben aufgestützt, den Kopf hielt er über den Kreisel und hörte dem Schnurren zu. Sein Gesicht strahlte vor Glück; seine beiden Augen verdunkelten sich, seine Lippen wurden feucht: er war sehr aufmerksam. Und wenn sein Kreisel in die Gracht gefallen war, verweigerte Mutter ihm nur selten einen Cent, damit er sich einen neuen kaufen konnte. Der neue Kreisel war dann gleich seine große Liebe; er malte ihn orange an mit blauen und grünen Streifen und entdeckte allerlei Eigenschaften in eben diesem Kreisel, die er dem vorigen voraus hatte. Seine Liebe dauerte bis zum nächsten Unglück, wovon er dann völlig durcheinander vor Schrecken, außer Atem und stotternd erzählte.

Kees hatte am liebsten einen Drachen vom Basar. „Denn die ich selbst mache," sagte er, „die wollen nie aufsteigen, der Schweif ist immer zu schwer. Ich finde es so schön, wenn der Wind hineinbläst und dann – hui! Dann ist es wie eine Windmühle, die sich dreht, und wenn er gut aufsteigt, dann zerrt er so, daß du das Gefühl kriegst, daß er einen mit hochzieht. Eigentlich habe ich mir schon mal gewünscht, daß ich der Schweif von einem Drachen wäre und fühlen könnte, wie es ist, so hoch in der Luft zu sein!"

Ganz früh am Sonntagmorgen ging Kees zum Schuppen am Ende unserer Gracht, der Barend, dem Gepäckträger, gehörte. Wenn schönes Wetter war und eine steife Brise wehte, wickelte Barend, sobald die Sonne aufging, seine Drachenschnur vom Stock ab, um den sie gebunden war. In seinen sauberen Hemdsärmeln, die Hose mit Hosenträgern festgehalten, die schwarze Mütze vorne mit zwei Silbermünzen verziert, mit goldenen Ringen in den Ohren und seiner holländischen Tonpfeife im Mund, sah er so recht nach Sonntag aus: wie ein schön gestriegelter alter Gaul.

Kees hielt den Drachen in beiden Händen, so hoch wie er konnte. Barend lief mit der Schnur weg und rief dann: „Los!“

Und nach einigen Versuchen stieg der Drachen schlängelnd und ruckartig in die Luft. Wenn er eine gewisse Höhe erreicht hatte, gab Barend die Schnurrolle an Kees und sprang mit einem Satz auf das Zinkdach seines Schuppens. Dann gab Kees ihm die Rolle zurück, die er mit aller Kraft festgehalten hatte, er kletterte neben ihn auf das Vordach, und als sie die Schnur so weit wie nötig abgewickelt hatten, verfolgten beide das tanzende Spielzeug beim Aufsteigen. Den ganzen Morgen über konnten der Mann und das Kind dort sitzen bleiben, den Kopf in die Höhe, ganz vertieft den Bewegungen des Drachens nachstarrend, der ständig mit seinem leicht schwebenden Schweif höher stieg. Wenn er ganz in der Höhe verschwunden war, sahen sie sich aufgeregt an, und ihre Augen blitzten vor Vergnügen.

Von Zeit zu Zeit bat Barend Kees, ihm seine Tonpfeife wieder anzustecken, oder er ließ ihn die Rolle halten, von der nun die ganze Schnur abgewickelt war und schob selbst einen Priem nach, nachdem er erst ordentlich ausgespuckt hatte. Dann schwiegen beide wieder, ganz in ihre Betrachtungen vertieft.

Kurz vor zwölf rief die Frau von Barend, daß das Essen fertig sei, und dann begann er sorgfältig, die Schnur aufzuwickeln. „Wenn der Wind sich nicht legt, Kees, dann wird es am Nachmittag so gutes Wetter geben, um ihn noch einmal steigen zu lassen. Nun geh' ich erst mal essen.“

Eines Tages fügte er noch hinzu: „Sonntags essen wir immer gut – Hackbraten. Und was eßt ihr sonntags?"

Kees dachte einen Augenblick nach, konnte sich aber an kein anderes Fleisch erinnern als an Pferdezunge, die Vater manchmal für ein paar Cent neben dem Stall seines Dienstherrn kaufte. Also antwortete er tapfer: „Oh, wir essen sonntags immer gekochte Pferdezunge mit Kartoffeln."

Barend sah ihn kurz mißtrauisch an. „Ach, Dummkopf, das kannst du deiner Großmutter erzählen, aber mir nicht!"

Völlig vor den Kopf geschlagen blickte Kees ihm ins Gesicht, ohne zu antworten. Barend ging böse weg, aber murmelte doch noch: „Nun, bis gleich."

Kees kam nach Hause, wo es häufig genug nichts zu beißen gab oder höchstens Brot und dünnen Kaffee, und erzählte uns von dem schlechten Verlauf des Gesprächs mit seinem Freund.

„Bist du denn wahnsinnig geworden? Hast du erzählt, daß wir Pferdezunge essen? Das werden die uns auf der Straße hinterherrufen!"

Das Kind wußte nicht, daß man nicht zugibt, Pferdefleisch zu essen.

Mittags setzten Barend und Kees sich wieder auf den Schuppen, und bis zum Abend verfolgten sie mit hochgereckten Köpfen und starrem Blick den Drachen, wie er durch die Luft schwebte.

Rausgeschmissen

Es war tiefer Winter, und wir hatten seit vier Wochen die Miete nicht mehr bezahlen können. Das bedeutete, daß wir aus dem einen Zimmer herausgeworfen werden würden, in dem wir für einen Gulden die Woche in einer elenden Gasse von Amsterdam wohnten. Meine Mutter machte sich auf den Weg zum Hauswirt, um ihn etwas milder zu stimmen, aber sie war noch nicht ganz am Ende der Gasse, da kam sie auch schon zurückgerannt, wobei ihr Reifrock gegen die Seitenwände der Häuser scheuerte.

„Da sind sie, da sind sie!“, keuchte sie.

Und wirklich, da kamen drei Männer, ein Gerichtsvollzieher mit zwei Helfern. Sie fingen an, unseren Krempel auf die Straße zu tragen. Vater, der schnell gewarnt worden war, kam angelaufen, und er hatte sich die Erlaubnis geholt, alles durch ein Fenster auf dem nächstgelegenen Hof abzustellen. Die Bewohner eines Hauses auf dem Nieuwendijk, von dem die Hintertür auf unsere Gasse führte, waren damit einverstanden, daß einige Sachen und die Kinder solange in den Flur gebracht wurden.

Als unser Zimmer leer war, schloß der Gerichtsvollzieher es ab. Und da saßen wir nun, ohne Wohnung, mitten im Winter, mit neun Kindern, wovon eins noch ein Säugling war. Und das wegen einer Schuld von vier Gulden.

Als die Wiege mit all dem anderen, das man auf dem Flur unterbringen konnte, drinnen stand, sagte mir Mutter, daß ich auf die Kleinen aufpassen müßte und daß sie nach einer Unterkunft für die Nacht suchen ginge. Was Vater tat, habe ich vergessen. Mutter blieb sehr lange weg. Es fing an, in dem Flur dunkel zu werden, wo sie uns aus Angst vor Feuer ohne Licht gelassen hatten. Ein paar Kinder weinten vor Hunger und Kälte, andere schliefen in einer Ecke auf dem steinernen Boden ein. Ich wiegte das Baby in meinen Armen, halb sterbend vor Angst und Sorge. Ich fing an zu schluchzen; von Zeit zu Zeit rief ich nach Mutter, aber schließlich wagte ich keinen Laut mehr von mir zu geben aus Angst vor den Gespenstern, von denen Mutter uns erzählt hatte. Endlich kam sie zurück: alle Kinder fingen gleichzeitig an zu schreien. Ein Dienstbote des Hauses half Mutter, alles so gut wie möglich einzupacken. Mein kleiner Bruder Hein schlief so fest, daß er nicht wach zu kriegen war, und da hatten wir nun die Last am Halse, denn er war zu schwer, um ihn zu tragen. Wir legten ihn in die Wiege, in der er die ganze Nacht durch schlief. Wenn er wach geworden wäre, hätte er Todesängste ausgestanden, so allein und verlassen im Flur, aber er wurde nicht wach.

Mutter brachte uns in eine Unterkunft für Fischer. In einem Raum mit fünf Betten waren drei für uns freigehalten: eins für Vater und Mutter mit dem Baby, das zweite für die vier Jungen und das dritte für die vier Mädchen.

Mutter ging einen Augenblick nach unten. In diesem Moment kam ein Mann herein, der in einem der anderen Betten schlafen sollte. Er schien mir alt zu sein, und er kam mir vor wie jemand aus einer anderen Welt als der unsrigen; obwohl seine Kleider ganz und gar verschlissen waren, hatte er etwas von einem Herrn. Überrascht blieb er im Zimmer stehen, musterte uns kurz einen nach dem anderen, kam dann auf mich zu, legte seine Hand auf mein Haar, das er zu streicheln anfing, schob meinen Kopf nach hinten und sagte, während er mich aufmerksam betrachtete: „Sieh an, noch ein paar Jährchen, noch ein paar Jährchen und dann!“

Ich hatte mich nicht getäuscht: er war ein Herr. Er sprach die Wörter so aus, wie sie in den Büchern standen, die ich gelesen hatte: ich hatte schon bemerkt, daß reiche Leute so wie in den Büchern sprechen.

„Wie alt bist du?"

„Zwölf."

„Hast du eine Hose an?"

„Nein."

„Heb doch mal dein Kleid hoch und laß deine Beine ansehen."

So klein war ich nicht mehr, daß ich die Gefahr nicht sah. Ich rief nach meiner Mutter, die von unten an der Treppe zurückrief, daß ich nicht so einen Lärm machen sollte und daß wir hier nicht zu Hause wären. Der Mann ließ sich durchaus nicht aus der Fassung bringen. Und als Mutter zurück kam, sagte er: „Sie haben hübsche Kinder, und dieses Mädchen wird in ein paar Jahren bildschön sein."

„Ja, meine Kinder sind wirklich sehr hübsch," antwortete sie stolz. „Wir kommen vom Land; unsere Wohnung ist noch nicht fertig, und deshalb wohnen wir solange hier."

Der Mann ging ins Bett. Wenn er weggegangen wäre, hätte ich meiner Mutter das, was vorgefallen war, erzählt, aber nun wagte ich es nicht.

Wir brachten die Kinder ins Bett. In diesem Augenblick kam ein Fischer nach oben, der Mann vom letzten Bett. Er sah uns verblüfft an und brummte: „Na, das wird mir was schönes werden, mit der Brut!"

Zum Glück stand ein Wandschirm zwischen uns und den anderen.

Ich ging ins Bett. Mann, war das toll! In so einem schönen Bett hatte ich noch nie gelegen. Man versank ganz darin. Die Bettwäsche war schön sauber und hatte rot-weiße Karos, und mittendrin war eine herrliche weiche Kuhle, in die ich mich sinken ließ. Es war bestimmt echter Kapok und kein pulvriger Haferspreu so wie zu Hause.

Für alle Kinder war es so ein Fest, daß man für einige Augenblicke überall Gekicher und albernes Gepiepse hörte, wie in einem vollen Vogelkäfig. Der Fischer fluchte herüber, und Mutter befahl uns, ruhig zu sein, indem sie beide Hände auf ihren Mund legte. Dann kamen mein Vater und meine älteste Schwester herein; sie gingen ins Bett und erzählten jedem, der es hören wollte, wie herrlich sie lagen.

Ab und zu mußte eines der Kinder pinkeln oder das Kleine begann zu weinen. Dann fing der Fischer gleich zu schimpfen und zu fluchen an. Aber schließlich wurde Vater so wütend, daß er aus dem Bett sprang, mit flatterndem Hemd auf ihn zustürmte und rief, er solle mal eben aufstehen. Aber der Mann gab keinen Laut von sich. Der alte Herr sagte: „Komm, Freund, geh doch ins Bett und beruhig dich. Du hast ja hübsche Kinder."

„Hübsche Kinder? Willst du ihnen zu essen geben? Eine Katastrophe sind sie, eine totale Katastrophe; aber was tut man dagegen? Man muß sie hinnehmen, wenn sie kommen."

„Ach, du machst es dir aber leicht! Geh ruhig wieder ins Bett, mein Freund, komm."

Und wir schliefen alle ein.

Als wir am nächsten Morgen wach wurden, waren die Männer weg.

Mutter brachte uns in ein Zimmer, das sie am vorigen Tag gemietet hatte; sie setzte die Kleinen auf den Boden, gab mir den Auftrag, auf sie aufzupassen, ging weg und holte unsere Möbel. Wir tobten so herum, daß die anderen Bewohner bei Mutters Rückkehr außer sich vor Wut waren, daß das Zimmer an eine Familie mit so vielen Kindern vergeben worden war. Es stellte sich heraus, daß Mutter hinsichtlich der Anzahl gelogen hatte, wie gewöhnlich.

Mein Kommunionkleid

Es war bei uns immer das gleiche Lied: Hunger und nochmal Hunger. Was mußten wir uns ausdenken, um an Essen zu kommen? Welchen Ausweg konnten wir finden? Herr Kredit war tot, und da war nichts, buchstäblich nichts mehr, um es ins Pfandhaus zu bringen.

„Oder wir müßten das Kleid deiner ersten Kommunion für ein paar Tage hinbringen," sagte Mutter.

„Mein Kommunionkleid? Aber. . ."

„Aber, aber! Wir können doch nicht ewig ohne Essen bleiben?"

Mutter hatte immer gesagt, daß ich meine erste Kommunion in Blau feiern dürfte, und nun hatten wir das perlgraue Kleid mit Volants genommen, aus einem billigen, harten und steifen Stoff. Ich holte es aus dem Schrank: Es war verblichen und ganz schön schmutzig, besonders auf den Hüften, wo ich meine Hände abgerieben hatte. Ich faltete das Kleid ganz vorsichtig und ehrfürchtig zusammen, so daß es nicht verknittern konnte, trug es auf meinen Armen vor mir her und ging traurig zu dem nächstgelegenen Leihhaus.

„Ich verlange zumindest ein ordentliches Sümmchen," sagte ich zu mir selbst. Mein Kommunionkleid hatte für mich einen ganz anderen Wert als die drei Gulden fünfzig, die wir dafür bezahlt hatten.

„Ich fordere vier Gulden, das ist nicht zuviel."

Es war Samstagabend. Da waren viele Leute: der eine kam, seinen Sonntagsanzug einlösen, der andere legte die unterschiedlichsten Gegenstände auf den Ladentisch, um für den folgenden Tag etwas Geld zu haben. Die Juden kamen, um ihre Sabbatkleider wieder zu verpfänden, um so damit ihren Handel für die kommende Woche wieder aufnehmen zu können, und protestierten, wenn der Angestellte etwas weniger als das letzte Mal geben wollte, unter dem Vorwand, daß die Kleider wieder einen ganzen Tag länger getragen waren.

Ich war an der Reihe.

„Wieviel?“

„Vier Gulden.“

Der Angestellte machte das Bündel auf und hielt mein Kleid mit ausgestreckten Armen vor sich hin, um es zu begutachten. Er antwortete kühl:

„Neunzig Cent.“

Ich war einen Augenblick fassungslos und sagte dann leise:

„Gut.“

Er machte eine kleine Rolle aus meinem Kommunionkleid, was mich fast zum Weinen brachte.

Beim Weggehen traf ich auf dem Flur eine Frau mit einem Paar riesigen Baggerstiefel in den Händen und sie bat mich, sie für sie zu verpfänden: selber traute sie sich nicht, sie schämte sich zu sehr.

„Ja, meinetwegen; was muß ich fordern?“

„Ein Gulden, zwanzig Cent.“

Ich wieder zum Schalter. Nachdem der Angestellte die Stiefel eingehend betrachtet hatte, sagte er: „Neunzig Cent.“ Ich mache die Tür auf und flüster der Frau zu: „Neunzig Cent.“

„Ist schon gut“, flüstert sie zurück.

„Ist schon gut“, antworte ich dem Angestellten.

Die Frau gab mir zwei Cent für die Mühe. Ich eilte zu einem Geschäft, wo ich für neunzig Cent Brot, Margarine und gemahlenen Kaffee kaufte; für meine zwei Cent besorgte ich noch eine Oblate von Dornröschen, zwei Birnen und zwei Kandisklümpchen. Und voller Zufriedenheit ging ich nach Hause zurück

Festtage

Ich vergesse niemals, wie der Hunger uns vor allem an den Festtagen quälte. Vater, der immer mehr trank, griff bereits morgens früh zur Flasche, wenn er die ersten Trinkgelder bekommen hatte, und den Rest des Tages war er unfähig, seinen Wagen zu lenken. So ging es uns wegen der Trinkgelder schlechter. Und an solchen Festtagen war das Elend doppelt so schlimm.

Doch zog Mutter uns vor so einem Tag möglichst gut an, sie nahm das kleinste Kind auf den Arm und ging mit uns spazieren, um den köstlichen Duft der Dinge zu genießen, die überall gegessen wurden.

Frauen warteten auf der Schwelle ihrer Wohnung auf die Familie und auf Gäste. Wo es angenehm nach Kaffee und Butterbroten roch, blieb meine Mutter zu einem Schwätzchen, in der vagen Hoffnung auf eine Einladung oder aber nur, um eine Tasse Kaffee angeboten zu bekommen oder was auch immer; aber nein, wir wurden niemals gefragt, und dann gingen wir wieder nach Hause.

Die Ältesten schnüffelten die Schränke durch, in der Hoffnung, irgendwo eine Brotrinde zu finden, die Kleinen weinten und quengelten um Essen; Mutter saß bleich auf einem Stuhl mit den Händen auf den Knien und brachte kein Wort heraus; Vater lag schnarchend da und verpestete die Luft mit seinem Schnapsgestank.

Dann sprang Mutter auf, ging schnell aus der Tür und kam kurz darauf mit nicht ausgebackenem Brot, mit Margarine und gemahlenem Kaffee zurück. Sie hatte dann einen der zahlreichen schwachen, kleinen Krämer überredet, so einem Mann mit einem Warenbestand von zehn Gulden, dem wir auf diese Art wieder etwas weiter zu seinem Konkurs verhalfen.

Wir leben von der Wohltätigkeit

Es war 1870. Vater hatte sich den Kopf durch einen deutschen Deserteur verdrehen lassen, der ihm weisgemacht hatte, daß nun, wo alle deutschen Männer an der Front standen oder totgeschossen waren, in Deutschland großer Mangel an Arbeitskräften herrschte. Wenn von Reisen die Rede war, war Vater wie von Sinnen. Er sagte uns also, daß er nach Deutschland ginge, wo er ohne den geringsten Zweifel gutbezahlte Arbeit finden und uns dann herüberkommen lassen würde. Er hatte sich schon bei einem deutschen Zirkus verdingt, um die Reise umsonst zu haben. Er packte seine Sachen in einen Seesack und ging mit Tränen in den Augen von uns weg.

Wir blieben nach der durch nichts gerechtfertigten Flucht mehr tot als lebendig zurück, denn Vatter hatte eine feste Arbeit gehabt, und er war kaum losgezogen, als der deutsche Deserteur schon seinen Platz einnahm. Es war mitten im Winter als Vater wegging, und er ließ Mutter mit neun Kindern ohne irgendwelche Hilfe zurück.

Mutter ging zum Pfarrer, der ziemlich schnell einige Damen dazu überredete, etwas für uns zu tun. Sie waren sich sofort einig, daß ich bis zu meiner Volljährigkeit in eine Kinderbewahranstalt kommen sollte. Das Entsetzen bei uns war groß. Als Mutter bei der Anstalt gewesen war, um da die nötigen Vereinbarungen zu treffen, und sie dort ein paar Zöglinge gesehen hatte, kam sie mit Geschichten zurück, daß die Kinder so bedrückt ausgesehen hätten, daß sie sich so tief vor der Mutter Oberin verbeugen mußten und so weiter . . . um es kurz zu machen, allein schon die Idee, daß ihre kleine Keetje so ein trauriges Los treffen sollte, schnürte ihr die Kehle zu, und als sie ein Papier unterzeichnen sollte, womit sie alle Rechte über mich abtrat, weigerte sie sich. Nein, dann war es ihr lieber, daß ich mit ihr Hunger litt; schließlich hatten wir schon öfter in der Patsche gesessen. Und wir waren enorm erleichtert, als wir beschlossen hatten, alle zusammen vor Hunger umzukommen.

In dieser Zeit machten wir Bekanntschaft mit allen Wohltätigkeitseinrichtungen von Amsterdam. Eine davon gab uns jede Woche drei Roggenbrote; eine andere alle vierzehn Tage einen Gulden in Centstücken; es war jedesmal wohl für fünf Cent Falschgeld dabei, aber was konnten wir machen – ohne die Wohltätigkeit in Häppchen wären wir vor Hunger und Kälte gestorben. Sie gingen übrigens davon aus, daß ein Mensch durch Entbehrung ein bißchen schrumpft. Denn wenn sie beispielsweise ein Hemd für ein Kind hergaben, war es so eng, daß es den Körper wie eine zweite Haut umspannte; man konnte sehen, wie sich die Rippen abzeichneten und trotz der Kälte erstickte man darin. Und wenn sie deine Holzschuhgröße nicht hatten, gaben sie unweigerlich eine kleinere.

Wir bekamen auch Bezugsscheine für Briketts und Torf. Hein und ich holten sie mit dem Schlitten am anderen Ende der Stadt; er war davorgespannt und ich schob, so bahnten wir uns einen Weg durch den Schnee, der bis halb zu den Knien reichte. Auch für Erbsensuppe bekamen wir Scheine, von denen wir manchmal ein paar tauschten, um Seife und Soda für die Wäsche kaufen zu können. Um sieben Uhr morgens stellten wir uns in einer Reihe vor die Türen der ‚reichen Häuser' an den Hauptgrachten. Die Knechte ließen sich ihre Abscheu vor uns dreckiger Brut deutlich anmerken, indem sie sagten, daß in den Grachten doch genug Wasser wäre, um uns zu waschen, wenn wir nur gewollt hätten. Und dann kriegten wir Lebensmittelmarken für Erbsen, Bohnen und Grütze überreicht.

Wir waren einer Wohltätigkeit ausgeliefert, die absichtlich so kanpp wie möglich gehalten wurde, sodaß wir für alle Zeiten der Klasse der Herumtreiber und Parias zugeordnet wurden.

In den ganzen sechs Monaten, die seine Tour durch Deutschland dauerte, gab mein Vater kein einziges Lebenszeichen von sich. An einem Sonntagmorgen ging die Tür auf, und er stand auf der Schwelle, seinen Seesack auf dem Rücken. Hein stürzte mit einem lauten Freudenschrei auf ihn zu: ,,Vater!"

Mutters Haltung drückte aus: ,,Du kommst und bringst uns um unser Brot."

Es wurde tatsächlich schnell bekannt, daß Vater zurück war, und wir erhielten nichts mehr. Mutter hatte doch einen jungen Ehemann in den besten Jahren oder etwa nicht? Und der war sehr wohl in der Lage, für die neun Kinder zu arbeiten, die er in die Welt gesetzt hatte.

Die Überschwemmung

Wir wohnten in einem Keller der Utrechtsedwarsstraat. Es war Nacht. Hein und ich lagen mit zwei von den anderen Kindern auf unserem Strohsack auf dem Fußboden. Wir hatten uns auf den Bauch gelegt und das Gesicht in das Kissen gedrückt.

„Ich sehe Kreise", sagte Hein, „sie gehen hin und her, zuerst werden sie groß und dann wieder kleiner; sie sind gelb, grün und violett; es sieht aus, als ob eine Lampe dahinter brennen würde, so hell sind sie. . ."

„Meine sind rot, blau und orange", sagte ich. „Sie werden immer größer, so groß wie das Zimmer, und sie drehen sich ganz schnell im Kreis. . . oh, nun verändern sie sich, nun sehe ich ganz viele, es sind kleine Kreise in vielen, vielen Farben, und da sind noch eine Menge winzigkleine Lichterchen, die sich mit ihnen mitdrehen. Du, das ist schön, so schön. . .! Und was siehst du nun?"

Hein antwortete nicht mehr, er war eingeschlafen.

Ich ließ mein Gesicht noch kurz im Kissen, doch mir wurde kribbelig wegen der Wärme der Körper und dem warmen Bett, und wegen der Flöhe. Ich setzte mich auf. Es war dunkel in unserem Loch; nur durch das winzige Ofenfenster und die Klappe, die etwas vorstand, drang ein wenig Licht nach draußen. Die großen Schuhe von Vater, die mitten auf dem Tisch standen, wirkten durch die Dunkelheit sehr unheimlich. Meine kleinen Geschwister lagen alle in tiefem Schlaf; Hein hielt unser Hündchen in seinen Armen, und die Katze hatte sich an Dirk angeschmiegt. Die Türen des Wandbettes, in dem meine Eltern mit dem Baby schliefen, standen offen; der Schein vom Ofen glitt über Mutters Gesicht, das in der hellen Umrandung ihrer Nachtmütze so mager aussah, so ausgezehrt. . . es machte mir Angst, aber das laute Geschnarche von Vater beruhigte mich wieder.

Ich legte mich wieder hin. Aber Ruhe konnte ich nicht finden. Ich wälzte mich hin und her, ich schauderte, und es schien, als ob der Strohsack naß wurde.

„Mutter! Mutter!"

„Ja, was ist los?"

„Ich glaube, Dirk hat ins Bett gepinkelt, es ist klitschnaß hier, und es brennt so."

„Was kann ich daran ändern? Schlaf doch endlich, und laß mich in Ruhe."

Ich legte mich wieder hin. Ich versuchte aufs Neue, die hellen Kreise vor meine Augen zu zaubern, die mich in den Nächten, wenn ich Fieber hatte oder nicht schlafen konnte, ablenkten, aber es gelang mir nicht. Ich versank in einen Zustand voller Unruhe und Angst. Ich traute mich auch nicht, meine Augen aufzumachen. Ich hörte es rascheln und rauschen unter den Möbeln, und voller Entsetzen lag ich da.

Da sprang plötzlich die Katze auf den Tisch. Das Tier und die Schuhe sahen von meinem Platz so merkwürdig groß aus, wie drei bösartige Ungetüme. . .

Und inzwischen wurde der Strohsack immer nasser. Aus purer Angst schlug ich um mich, und meine Hand, die dabei den Holzrost traf, verursachte ein plätscherndes Geräusch.

„Mutter! Mutter, da ist Wasser im Keller!"

„Was – Wasser?"

„Ja, sag ich doch, wir sitzen im Wasser!"

Alle Kinder fingen an zu schreien. Das Wasser, das bis jetzt nur nach drinnen gesickert war, schien nun richtig hereinzuströmen. Vater sprang aus dem Bett und fluchte fürchterlich, weil er mit seinen Füßen im Nassen stand. Er hob uns alle ins Wandbett hinauf, wo wir, so gut wir konnten, uns ein Plätzchen suchten: Dirk bei Mutters Füßen und ich bei denen von Vater. Den einen seiner Füße hielt ich in meinen Armen, um mich sicherer zu fühlen, und so schliefen wir ein.

Ich wurde von dem Krach wach, den Vater am frühen Morgen machte: gebückt stehend, um sich seinen Kopf nicht an den Balken von der Decke zu stoßen, war er damit beschäftigt, Holzblöcke aufzustellen, über die er Bretter legte, so daß wir wenigstens durch unseren Keller laufen konnten, in dem das Wasser bis zu den Fußleisten gestiegen war.

Die ganze Straße schien in heller Aufregung zu sein, als wir aufstanden, denn durch die Überschwemmung standen alle Keller unter Wasser, und obwohl das für die Bewohner nichts Neues mehr war, rannten sie überall herum, um zu sehen, wie hoch das Wasser stand und wie man in jedem Keller der Überschwemmung Herr werden wollte. Mutter war zu aufgeregt, um etwas zu unternehmen, sie schickte uns nicht zur Schule und machte kein Essen. Mina und ich folgten ihr von einem Keller zum anderen, aber sie schickte uns schon bald wieder zurück nach Haus, um auf die Kleinen aufzupassen.

Wir plantschten ein Weilchen im Wasser herum. Dann band Hein ein kleines Tau an einen Stock, befestigte einen Haken daran, den er aus einer Haarnadel gebogen hatte, und nachdem er sich auf einen Stuhl gesetzt hatte, begann er in dem Schlickwasser herumzuangeln. Dirk rutschte auf seinem Hintern über die Laufbretter und holte mit seinen Händen, die von der Kälte ganz blau geworden waren, ein Nest mit toten Mäusen heraus. Es war unter dem Schrank gewesen, und das Wasser hatte es darunter weggespült. Er fand auch noch eine halbtote Ratte. Auf seinem kleinen Hintern rutschte er immer auf den Brettern entlang und zeigte uns voller Stolz das Tier, das noch atmete. Auf einmal glitt Dirk ins Wasser; ich konnte ihn nicht mehr halten, er war zu schwer. . . Also ging ich Mutter suchen, die noch von Keller zu Keller zog, um Kaffee zu trinken. Sie kam mit Widerwillen mit, um Dirk aus dem Wasser zu zerren.

Hein und er hatten angefangen, am ganzen Körper zu zittern. Mutter steckte sie ins Bett, wo sie ganz blau vom aufkommenden Fieber hin- und her rollten. Ich selbst fieberte nun auch und begann zu weinen: Mutter legte mich zu den Jungen, warf ein paar Kleider über uns, und dicht aneinandergepreßt lagen wir zu dritt und klapperten mit den Zähnen. Das Fieber schüttelte unsere Körper, und wir zitterten, als ob ganze Armeen von Ameisen durch unsere Adern zogen. So warteten wir auf das hohe Fieber, das erst am Nachmittag einsetzte. Dann wechselte unsere Gesichtsfarbe langsam von blau zu rosa und weiter schließlich bis zu feuerrot. Wir warfen die Decken von uns, schlugen unsere Arme um uns, stießen uns gegenseitig weg und spreizten die Beine, um ein wenig Kühlung zu bekommen, während wir keuchten vor Durst. Mutter, die in ihrer einen Hand eine Kerze hielt, um das dunkle Wandbett etwas zu erleuchten, gab uns mit der anderen Hand ein bißchen Wasser.

Gegen Abend sank das Fieber. Wir drei lagen wie Lumpenhaufen da. Mutter konnte uns aber nur eine Scheibe Schwarzbrot geben, damit wir wieder zu Kräften kamen. Seitdem hat das Fieber noch jahrelang in geregelten Zeitabständen wieder zugeschlagen.

Unser Hund war verschwunden. Wir glaubten, daß er weggelaufen war. Ein Gestank von Verwesung erfüllte unseren Keller und wurde von Tag zu Tag stärker. Vater und Mutter meinten, daß wir sicherlich noch in der einen oder anderen kleinen Ecke tote Ratten finden würden. Als das Wasser weggezogen war, gingen wir auf die Suche und entdeckten die halbverweste Leiche von unserem Hund, der unter dem Wandbett ertrunken war.

Oh, du hast ja Kwartjes!

Der Hunger war ein vertrauter Gast bei uns geworden, und Mutter hatte sogar gelernt auf eine ziemlich waghalsige Art mit ihm umzugehen.

Eines Abends saßen wir um ein schönes Torffeuerchen, denn nachdem wir um Unterstützung gebeten hatten, war uns ein Ballen Torf zugewiesen worden. Den ganzen Tag hatten wir nichts anderes zu essen gehabt als ein zehn-Cent-Brot, das meine Mutter in neun Stücke geteilt hatte. Sie gab dem Kleinen die Brust und wir saßen und überlegten, was wir zu essen kaufen würden, wenn wir einen Gulden hätten.

In diesem Moment wurde an die Tür geklopft. Ich öffnete, und vor mir stand ein Herr.

„Bleib sitzen, gute Frau", sagte er sehr höflich zu Mutter, „du sitzt dort so gemütlich mit deinen Kindern um das Feuer – hier. . .

Er gab mir einen Gulden und verschwand.

Ich wollte damit gleich zum Kaufmann gehen um die Sachen zu holen, über die wir gesprochen hatten: Brot, Kaffee und sauren Hering, aber Mutter packte mich und sagte: „Her mit dem Gulden!"

Ich gab ihn ihr, und sie reichte mir drei Kwartjes. Ich sah sie mir an, völlig verduzt, und platzte mit einem Male heraus: „Oh, du hast ja Kwartjes!"

Sie schlug die Augen nieder und errötete.

„Ja, weißt du, diese sechs Ellen Baumwolle, die ich von Frau sowieso bekommen habe, nun, es fehlten noch vier Ellen, um daraus ein Kleid zu machen. Auf dem Nieuwendijk verkaufen sie den gleichen Stoff für einen Viertelgulden die Elle. Ich habe gespart, um den kaufen zu können, und mit dem Gulden hole ich ihn gleich morgen."

Ich blieb fassungslos stehen und wiederholte nur: „Oh, du hast ja Kwartjes, du hast ja Kwartjes!"

„Vorwärts, dumme Göre, beeil dich und hol' Brot!"

Die Wucherin

Mutter winkte mir auf eine heimliche Art zu. Ich dachte zuerst, daß sie mir ein Butterbrot geben wollte, ohne daß die anderen es sahen; weil ich schwächlich war, wurde ich ein bißchen verwöhnt. Aber dann sah ich sie mit den Augen zucken, was bei ihr immer heißen sollte, daß sie aufgeregt war.

„Hör zu, Keetje“, flüsterte sie, „wir gehen zu Koks und lösen meinen Mantel, dein Kommunionkleid und Vaters Jacke ein.“

„Hast du denn Geld, Mutter“, fragte ich schon genau so verschwörerisch wie sie.

„Ja, ich habe gespart.“

Sparen bedeutete bei uns Tage ohne Brot. Aber was blieb einem anderes übrig? Wir konnten doch nicht völlig nackt herumlaufen – wir waren es schon zu drei Vierteln.

Koks war ein Krämer, der Lebensmittel gegen ein Pfand tauschte. All unsere Kleider waren schon bei ihm verpfändet, und nun konnten wir zumindest die wichtigsten einlösen. Meine Mutter hatte in einer grauen Papiertüte eine Menge Zehn-Cent- und Centstücke, die zusammen den schuldigen Betrag ergaben. Frau Koks nahm das Geld und sagte, daß wir aber zur Hintertür kommen müßten, um die Kleider in Empfang zu nehmen. Aber als wir dann dort waren, erklärte sie uns, daß sie die Kleidungsstücke erst hergeben würde, wenn wir auch den anderen Kram einlösten: es war doch einzig und allein ihrer Güte zu verdanken, daß sie uns dafür ihre Waren gab.

Mutter fing an zu weinen, wurde böse, drohte; ich selbst stand dabei, schluchzte und erzählte zwischen den Schluchzern von meinem Kommunionkleid, aber nichts half. Die Wucherin jagte uns weg und sagte: „Ihr könnt doch gar nicht beweisen, daß ihr mir das Geld gegeben habt.“

Sie mußten mich ins Bett stecken, die Aufregung hatte mich fiebrig gemacht. Mutter zuckte noch tagelang mit den Augen und hatte rote Flecken im Gesicht. Sie murmelte Racheworte und kratzte in die Luft, als ob sie das Gesicht der Wucherin vor sich sah.

Hitze in der Stadt

„Du bekommst schon gleich dein Essen, bring' aber erst mal deinem Vater was, und mach' zu, es ist schon spät."

Mit bloßen Füßen in den Holzschuhen, wildem Haar und glühenden Augen rannte ich den Haarlemmerdijk entlang und trug Vaters Essen mal in der einen, mal in der anderen Hand. Der Knoten des Tuches, in das der Henkeltopf eingewickelt war, war so groß, daß ich ihn nicht umfassen konnte, so daß ich das Tuch neben dem Knoten festhalten mußte. Ich hätte um zwölf Uhr schon da sein müssen, und nun war es bereits halb eins: Mutter hatte viel zu lange mit dem Kartoffelhändler geschwatzt.

Ich lief also durch die grelle Sonne, die genau auf meinen ungeschützten Kopf niederbrannte – es gab kein bißchen Schatten in der Straße. Vatter hatte schon auf mich gewartet. Sobald er mich aus der Ferne ankommen sah, rannte er auf mich zu, riß mir den Topf aus der Hand und gab mir einen kräftigen Tritt, wobei er mich anschrie: „Du dreckige Göre, nie gewaschen und ständig zu spät!"

Ich fiel auf den Kantstein, weinte mir die Augen aus und ging dann in hellem Sonnenschein nach Hause zurück. Diese Hitze machte mich ganz verrückt, aber ich ging trotzdem mitten auf der Straße weiter, um den Gestank von Abwässern und verfaultem Fisch, der aus den Gassen und Kellern strömte, nicht ertragen zu müssen.

Mensch, das muß man sich mal vorstellen, daß ich jetzt mitten in der Heide wäre und mit meiner Kusine Kaatje bis zu den Hüften im Wasser laufen könnte, oder Maulbeeren in den Dünen suchen, oder splitternackt am Strand liegen und die Wellen gegen meinen Körper klatschen lassen! Aber naja, man könnte sich noch so wohl fühlen mit der weiten Ebene um einen herum, Mutter hatte nichts übrig für eine Hütte auf der Heide. Sie brauchte die Stadt und die Geschäfte, und darum hatte sie so lange gequengelt, bis wir nach Amsterdam zurückgegangen waren. . . Dort auf der Heide hatte niemand mit mir geschimpft, weil ich schmutzig war; im Meer und in den Bächen wird man nämlich wieder sauber, sogar ohne Seife, während man hier mit einem bißchen Wasser in einer Schüssel immer schmuddelig bleibt. . .

Ich stürzte in unsere Kellerwohnung – was für eine Erleichterung! Allmählich kam wieder Ordnung in meine Gedanken. Ich ließ mich auf einen Stuhl plumpsen, warf die Beine über die Armlehne, den Kopf über die Rückenlehne, und als ich so herumhing und verschnaufte, fühlte ich, wie Ruhe und Behaglichkeit wieder zurückkehrten. Mein Gott, wie herrlich war es, aus der Sonne raus zu sein! Hier drang sie nie herein, es war dunkel und kühl, einfach himmlisch; das Wasser rann die Wände herunter, der Bretterboden war naß. . . und mit Wohlbehagen strich ich mit meinen brennenden Füßen darüber. Wenn ich nur so, wie ich jetzt hier saß, essen und trinken könnte. . .

„Mutter, wo sind meine Kartoffeln mit Essig?“

„Kind, du kannst dir doch wohl denken, daß ich den Ofen nicht brennen lassen konnte, um sie warm zuhalten.“

„Aber ich will sie lieber kalt, mit schön viel Essig!“

„Hätte ich das doch bloß gewußt!“

„Wo sind sie? Mutter!“

„Wir haben sie aufgegessen; ich dachte, du magst sie nur warm. Aber hier hast du eine Scheibe Brot.“

Vor mich hinfluchend aß ich sie auf.

Mutter ging zum Schrank und goß etwas in eine Tasse.

„Hier, aber sag' es nicht den andern, sonst ist es gleich alle.“

Es war Buttermilch. Ich hab noch nie in meinem

Leben etwas getrunken, das mich so erfrischt hat. Ich nahm so kleine Schlückchen wie möglich, damit ich um so mehr davon hatte. Danach machte ich es mir wieder bequem auf dem Stuhl und fing an, mir eine Welt zu erträumen, die voller Schatten und Buttermilch war, und zwar in Hülle und Fülle, ganze Eimer voll. . . und ich ließ meine Füße auf dem feuchten Boden ruhen und glitt mit meinen Händen die Wand entlang, woraus das Wasser niemals verschwand.

Baatje

Dirk spielte mit seinem Kreisel auf dem Eis, das unsere Gracht bedeckte. Er würde selbst sein Mittagessen hergegeben haben für ein Paar Schlittschuhe oder einen Schlitten, worauf er uns alle laden und bis zum Abend hinter sich her ziehen würde. Aber weil er weder das eine noch das andere bekommen konnte, begnügte er sich mit seinem Kreisel, den er auf dem Eis herrlich herumwirbelte und der viele Kreise zog.

Heftige Bewegungen sind mir nie gut bekommen, und auf dem Eis mußte man eine ganze Menge davon machen, um nicht vor Kälte zu erstarren – also verfolgte ich das Spiel meines Bruders vom Ufer aus. Es dauerte nicht lange, bis er vor Kälte blau anlief und genug von dem Spielchen hatte, von dem ihm nicht warm wurde. Er gab es auf und begann, Schlitterbahnen zu machen.

Von der gegenüberliegenden Seite der Gracht kam eine Frau heran, die etwas in ihrer Schürze trug. Als sie an den Rand des Loches kam, das in das Eis gehauen war, nahm sie einen Gegenstand aus der Schürze heraus und warf ihn hinein. Fünfmal verschwand ihre Hand darin, und fünfmal warf sie etwas ins Wasser. Dirk, der dorthin gelaufen war, fing das Letzte in der Luft auf, stopfte es unter seinen Pullover und rannte weg. An unserer Seite kletterte er wieder auf den Kai und holte ein kleines, graues Kätzchen mit einem weißen Bauch unter seinem Pullover zum Vorschein. Es war erst ein paar Wochen alt.

„Ich habe es gerettet", stammelte er. „Komm schnell mit, dann wärmen wir es und geben ihm Milch."

Zuhause nahm Dirk den Milchtopf vom Ofen und goß etwas davon für die Katze aus. Mutter protestierte: „Nee, Freundchen, das geht nicht, wir haben selbst fast nie Milch."

„Nein, das ist bloß, weil sie sich beim Sturz so erschrocken hat."

„Meinetwegen dann, für den Schreck; aber mit noch einem Kostgänger brauchst du mir nicht anzukommen."

„Ich gebe ihr ein Stückchen von meinem Butterbrot ab, und die Gasse ist voller Mäuse und die Gracht voller Ratten."

Das Kätzchen trank ganz vorsichtig, wobei man seine rosa Zunge sehen konnte; dann stellte es sich auf alle vier Pfoten, reckte sich und mit einem hohen Katzenbuckel und aufgestelltem Schwanz spazierte es über den Tisch, um Dirk liebevoll mit dem Köpfchen ins Gesicht zu stupsen. Dirks Augen glänzten vor Stolz. „Siehst du, sie sagt danke schön, sie weiß, daß ich sie gerettet habe, es ist meine Katze."

Er fragte mich, ob es ein Kater oder eine Katze wäre. Aber weil die Untersuchung nichts ergab, nahmen wir letzten Endes an, daß es ein Katze sei. Sie hatte zumindest das Köpfchen dafür. Und Baatje, wie Dirk sie nannte, blieb bei uns. Aber sie gehörte Dirk, sie ging mit ihm ins Bett, und solange sie noch klein war, trug er sie in seiner Mütze herum; er gab ihr kleine Bröckchen, die er von seinem Brot abbiß und Schlückchen Milch, die er hinter Mutters Rücken klaute.

Er nahm sie unter seiner Jacke auch mit nach draußen – am Samstagnachmittag, wenn keine Schule war und wir von Mina weggejagt wurden, weil sie nicht sauber machen konnte, wenn ihr all die kleinen Kinder vor den Füßen herumliefen. Dann ging Dirk mit mir zusammen zu den großen Grachten, wo ich gerne spazierenging, und wir suchten uns ein Haus aus, falls wir mal reich würden oder wir liefen in unserem Spiel die hohen Stufen hinauf und hinunter, bis uns die Dienstmädchen wegjagten.

Auf einem dieser Streifzüge entdeckten wir hinter einem Fenster eine riesige, rote Angorakatze, die auf einem blauen Samtkissen saß. Sie verfolgte mit ruhigem

Blick eine dicke Fliege auf der Scheibe, stellte sich auf einmal auf die Hinterpfoten und ergriff das Insekt mit den Vorderpfoten. Als sie da so stand, wußten wir einfach nicht, was wir sahen: das rotbraune Fell ihres Bauches glänzte in der Sonne; der Schwanz der rechts von ihrem Leib ruhte und von dem sich die Spitze hin und her bewegte, war so dick wie ein Kabeljau.

Dirk nahm Baatje unter seiner Jacke hervor und ließ sie den prächtigen Artgenossen betrachten:

„Schau, Baatje, das ist auch eine Katze, aber sie ist dreimal so groß wie du und übrigens ganz anders. Du hättest die fette Fliege aufgefressen – sie aber hat sie nur getötet. Sie bewahrt sich ihren Hunger für die sauren Heringsköpfe auf, womit sie bestimmt gemästet wird, sonst hätte sie die Fliege sicherlich verschlungen. Du und ich – wir warten keinen Moment, wenn uns etwas Eßbares vor die Nase kommt, wir schlingen es sofort in uns hinein. Siehst du ihren Schwanz, Baatje, und ihre Augen? Wie zwei goldene Murmeln. Und dann ihr Fell. Sie ähnelt dir überhaupt nicht, sie ist ganz anders, siehst du, völlig anders."

In diesem Augenblick kam ein Dienstmädchen aus dem Haus mit einem Teller kalter Kartoffeln, den sie bei einem Baum für die Straßenköter ausschüttete. Sobald sie wieder drinnen war, gingen wir zu dem Baum, um Baatje bei der unerwarteten Mahlzeit abzusetzen. Aber weil die Kartoffeln sauber waren, legte Dirk sie eine nach der anderen in seine Mütze und etwas weiter auf einer anderen Treppe hatten wir drei zusammen einen leckeren Happen.

Zum Frühjahr wurde Baatje so dick und fett, daß es eine helle Freude war, es anzusehen. Dirk schrieb es seinen Streifzügen entlang den Grachten zu, denn seit den Kartoffeln hatten wir oft solche Extrahappen geködert. Und dann all die Mäuse, die ihr sozusagen zwischen die Pfoten liefen.

Eines Abends, als meine Eltern ins Bett gehen wollten, trafen sie Baatje an, die es sich in dem Stroh sehr bequem eingerichtet hatte – für sich selbst und ihre fünf Jungen. Dirk war stumm vor Staunen. Vater wollte die Jungen in den Kanal werfen; Mina, die überhaupt nichts von Tieren hielt, schlug vor, das ganze Nest sofort in die Gracht zu kippen. Aber weil Dirk so jammerte, sagte Mutter mit einem Augenzwinkern zu den anderen, daß er die Tiere behalten dürfe. In einer Ecke machte er auf dem Boden ein Nest aus seinen Kleidern, wo er die Katze und ihre Kleinen drin aufbewahrte, aber am Morgen darauf war sie mit Hab und Gut wieder zu ihrem alten Platz umgezogen, ohne daß meine Eltern etwas davon gemerkt hatten.

Als wir aus der Schule kamen, lief Baatje ihrem Herrchen entgegen und erzählte ihm in nicht mißzuverstehender Sprache, daß ihr etwas Schlimmes zugestoßen sei:

„Boebeleboebeleboebeleboee ! Lujujujujuhuhu ! Mauwauwauwau !"

Sie sprang in das Wandbett, und Dirk und sie begannen das Stroh zu durchsuchen, alles untere nach oben zu holen, aber nirgends kleine Kätzchen!

Er sprang auf den Boden, bleich, – beide Fäuste nach Mina geballt, – heulte er:

„Das hast du getan, gemeines Miststück!"

Sie stieß ihn mit der einen Hand weg, und ein gemeines Lachen huschte über ihr dummes Gesicht.

Im Herbst wurde Baatje wieder dick. Dirk streichelte sie über ihren weißen Bauch, was sie mit einem zufriedenen Schnurren beantwortete. Eines Tages war sie weg. Dirk und ich durchsuchten die ganze Gasse, aber Baatje blieb unauffindbar. Die Haut rund um Minas Knollennase begann zu vibrieren. Da suchte Dirk nicht länger.

„Dredredreckstück, dadadas ist dein Werk, gegemeines Mimimiststück!"

Lange Zeit stotterte Dirk jämmerlich.

Wenn wir reich wären

An Winterabenden, wenn wir kein Feuer und kein Licht hatten und wir mit leerem Magen schon früh ins Bett krochen, damit uns ein bißchen warm wurde, redeten wir darüber, was wir machen würden, wenn wir reich wären. Eines Abends ließen sich sogar unsere Eltern durch ihre Phantasie mitreißen, so daß sie darüber fast in Streit gerieten. Vater, der in der Armee Kavallerist gewesen war, würde Rassepferde nehmen und mir Reitunterricht geben; er sagte, daß ich genau die richtige Figur hätte, um reiten zu lernen, denn eine dicke Frau sei untauglich dafür. Mina wollte ein Kleid aus grünem Satin und Stiefel bis halb zum Knie. Ich wollte einen gläsernen Schrank voller Puppen, ganz in Seide gekleidet und mit Perlen im Haar; es müßte eine ganz große dabei sein, die die Königin werden würde. Sie würde ein Kleid mit Schmetterlingsflügeln tragen, die ich selbst mit Spitzenstückchen zusammennähen würde.

„Mein Gott!“ schrie Vater böse.

„Wann hört das alberne Gör endlich mit ihren dämlichen Puppen auf“, sagte Mutter. „Ich wüßte schon, was ich tun würde, ich würde Hüte aus Chenille tragen, was die ganze Gasse rasend vor Neid machen würde.“ „Hört euch die an! Die will die ganze Gasse rasend machen, als ob wir noch einen Tag länger bleiben würden, wenn wir reich wären!“

„Ja, recht hast du . . . und die Kinder würden Französisch lernen und Klavierspielen und Tanzen, und ich würde ihnen mit der Brennschere eine schöne Frisur machen. Wir würden in einem großen Haus an der Herengracht wohnen, mit einem blauen, einem roten und einem grünen Zimmer.

„Warum all die Farben?“ fragte Vater.

„Ich habe gelesen, daß das in herrschaftlichen Häusern so üblich ist. Das kann man übrigens auch durch die Fenster sehen."

„So und wie würde denn dein Zimmer sein?"

„Meins? Rot. Das habe ich schon immer gesagt, rot. Weil ich dunkelhaarig bin. Ich würde einen warmen Ofen bei meinem Bett haben wollen und jede Stunde etwas Leckeres essen: um acht Uhr Kakao mit Zwieback, um neun Uhr einen Bratapfel, um zehn Uhr ein Butterbrot mit geräuchertem Aal und Kaffee, um elf Uhr saure Gurken und ein hartgekochtes Ei. Na ja, jede Stunde etwas Leckeres!"

„Und wie gewöhnlich würdest du kein Mittagessen zubereiten, sogar wenn wir reich wären. Immer nur Kleinigkeiten, was? Na ja, ich würde einen ordentlichen Topf Kartoffeln mit Speck und Blutwurst haben wollen, schön durchgebraten und ganz heiß. Du, du würdest damit weitermachen, uns niemals was Anständiges vorzusetzen. Denkst du etwa, daß die Reichen immer all dieses Kleckerzeug essen? Was sie essen, daß ist das Fleisch, das man beim Schlachter sieht, und ich glaube, sie essen es noch roh."

„Rohes Fleisch! Nein, damit brauchst du mir nicht anzukommen, das eß ich im Leben nie."

„Mein Gott", seufzte Hein, „ich wünschte, daß jeder von uns wenigstens ein Drei-Cent-Brötchen hätte. Sie sind ziemlich groß bei dem Bäcker um die Ecke, weißt du das? Größer als anderswo und wenn man eins auf hat, dann hat man ordentlich was im Magen."

Wir sagten nichts mehr. Vater putzte sich die Nase und antwortete dann: „Ja, Heintje, geh man mal schlafen, mein Junge. Morgen kriegst du dein Drei-Cent-Brötchen."

Und dann putzte er sich noch einmal die Nase.

Ich pinkel in mein Kleid

Eines Abends mußte ich vom Wohltätigkeitsbüro einen Gulden holen. Den bekamen wir immer in Form von Rollen mit ausländischen Münzen dazwischen, wovon die ganz genau wußten, daß wir damit nichts anfangen konnten. Es ist mehr als einmal passiert, daß Kaufleute mich zur Tür rauswarfen, als ich versuchte, sie loszuwerden.

Es schneite, und es fror, daß es krachte; ich lief über die Prinsengracht, wo ich unterwegs zwei Jungen und einem Mädchen meines Alters begegnete, die auch zum Wohlfahrtsbüro gingen. Wir begannen kräftig zu laufen, warfen Schneebälle, klingelten an den Häusern und rannten schnell weg. Aber auf einmal mußte ich ganz nötig, doch wegen der Jungen war es unmöglich, es zu tun.

Wir kamen zur Westerkerk, spielten Verstecken um die Kirche herum und purzelten durch den Schnee. Ich wollte mich unter einem Karren oder in einer Ecke verstecken, aber die anderen liefen mir immer hinterher.

Es wurde eine Qual für mich. Ich wurde still und konnte nicht mehr mitspielen; ich sagte meinen Freunden, daß ich halb erfroren wäre vor Kälte.

Auf dem Rückweg, nahe bei derselben Kirche, passierte es dann. Ich fühlte einen warmen Strahl an meinen Beinen bis in die Holzschuhe laufen und darinnen von meiner Ferse bis zu den Zehen. Meine Kleider begannen mir auf dem Leib festzugefrieren; es biß und scheuerte, bis es anfing zu bluten. Ich fing an zu weinen.

Der Schnee fiel in dicken Flocken nieder und setzte sich unter meinen Holzschuhen fest als eine bucklige, steife Masse, mit der ich nur mühsam vorwärts kam. Zu Hause angekommen hatte ich kaum Zeit, die Tür zu öffnen; dann fiel ich hin.

Mein Vater zog mich aus und wischte vorsichtig das Blut ab, dabei immer wiederholend: „Mein armes kleines Mäuschen, deine Haut ist überall offen, armes kleines Mäuschen."

Er setzte mich auf einen Stuhl vor den Ofen und gab mir eine Tasse Kaffee, die dreiviertel mit Satz gefüllt war; aber ich sagte dazu lieber nichts, weil Vater es so gut meinte und böse wurde, wenn man das nicht so zu schätzen wußte. Und außerdem – Vater war so ein wunderbarer Mann, und ich fand ihn so lieb und sorgsam, daß ich ihn um nichts in der Welt verärgern wollte. Also sagte ich: „Ei, wie lecker, Vater, was ist so ein heißer Kaffee lecker, wenn man es so kalt und ungemütlich gehabt hat."

„Ja, findest du nicht, Mäuschen? Ich habe ihn extra für dich aufgehoben. Ich dachte: Keetje kommt gleich zurück, ihr wird wohl ganz schön kalt sein, und dann ist nichts so gut, wie eine Tasse leckerer, heißer Kaffee."

„Ja, Vater, es ist herrlich, herrlich!"

Und mutig goß ich den fettigen Bodensatz in mich hinein.

Die zwei Grenadiere

Um die feuchte Kälte in unserem Zimmer ein bißchen wegzubekommen, hatte Mutter sogar unser Spielzeug in den Ofen gesteckt. Weil sie gerade vor zwei Tagen niedergekommen war, befürchtete sie, das Kindbettfieber zu kriegen.

Wir saßen und warteten auf Vater, der Kutscher bei einem Fuhrunternehmer war; vielleicht hatte er ein Trinkgeld gekriegt, und wir hätten Torf und Kaffee kaufen können, um uns etwas aufzuwärmen. Essen, darauf konnten wir weiß Gott wohl verzichten, wenn wir nur erst die Kälte aus unseren Knochen vertreiben könnten.

Vater kam nach Hause, tief gebeugt, die Hände in den Taschen und zitternd in seiner Jacke aus Baumwolle.

„Brrrr, hier drinnen ist es ja noch kälter als draußen."

„Hast du nichts mitgebracht, um Torf und Kaffee zu kaufen, Dirk?"

„Nein, ich habe gerade gedacht, daß es hier wohl warm wäre. Es sollte doch eine Dame von der Fürsorge vorbeikommen?"

„Sie ist aber nicht hiergewesen, sicher wegen dem kalten Wetter."

„Hätte ich das gewußt, dann hätte ich mich zwischen die Pferde gelegt. Was für ein Wetter! Was für eine Kälte! Sie haben mich heute nicht ein Mal ausfahren lassen, ich habe den ganzen Tag Kutschen saubermachen müssen, und das auf der Straße, bei so einer Temperatur. Diese Schweine! Sie wissen genau, daß wir kein Brot auf dem Tisch haben, wenn ich kein Trinkgeld kriege; von ihren drei Gulden pro Woche kann ich keine Familie mit neun Kindern ernähren."

„Ich habe ein Fieber, das an meinen Beinen nach oben zieht", sagte Mutter zähneklappernd, und das in meinem Zustand. . .".

„Verdammt, verdammt nochmal, das fehlte gerade noch, daß du krank wirst. Geh ins Bett und ihr auch, Kinder, morgen gibt es wieder was zu essen. Wir müssen auf jeden Fall erst mal was zum Heizen haben."

Er suchte in unserer Bruchbude nach etwas Brennbarem, aber er fand nur die Holzschuhe der Kinder. Er warf sie beiseite und begann erneut zu suchen. Nichts! Da nahm er die Holzschuhe wieder auf, stapelte sie im Ofen und steckte sie in Brand. Danach stieg er ins Bett..

„Ich werde mich dicht an dich legen, um dich zu wärmen."

Die Lampe ging aus, weil wir kein Öl mehr hatten; die Holzschuhe brannten nur ganz langsam, weil sie durchnäßt waren; aber im Zimmer wurde es doch etwas wärmer, und damit stieg auch die Stimmung. Es war erst sechs Uhr abends, also an Schlafen noch nicht zu denken. Und weil wir doch an nichts anderes als die Kälte dachten, begann mein Vater über seinen Onkel Cornelis Oldema zu erzählen, der mit Napoleon in Rußland gewesen war. Er hatte den Brand von Moskau miterlebt und bevor er die Stadt verließ, hatte er seinen Seesack mit Leuchtern, Ziborien und anderen goldenen Gegenständen gefüllt, die aus Kirchen geraubt waren. Sobald er wieder in Friesland war, hat der Verkauf dieser Sachen an einen Juden ihm genug eingebracht, um einen Bauernhof und vier schöne Kühe zu kaufen. Der Onkel hatte gesagt: „Du mußt nicht denken, daß ich die Dinge gestohlen habe: jeder plünderte, die Offiziere genausogut wie der einfache Soldat. Aber es sind nur wenige so wie ich mit ihrem Krempel nach Hause gekommen; sie sind fast alle vom Feind getötet oder von ihren Kameraden ermordet worden, um ihrerseits bestohlen zu werden. Ich als Friese konnte diese Kälte noch einigermaßen ertragen, aber die armen Südländer mit ihrer unverständlichen Sprache starben wie die Ratten. Die Kälte ließ sie erstarren und schnitt ihnen zugleich Atem und Wort ab. Denn wie die plappern konnten! In den scheußlichsten Umständen quatschten und lachten sie noch, und sie begannen einen Streit, als ob es zu ihrem Spaß wäre, sie waren richtige kleine Teufel. Zu essen brauchten sie wenig: mit einem Stück Brot und einer Zwiebel hatten sie genug. Aber die Kälte machte wehrlose Kinder aus ihnen. Erst wurden ihre Beine schwer, dann rieben sie ihre Augen, als ob sie schwindelig wären, und dann sackten sie langsam zusammen und fielen in Schlaf. Dann war es aus; wer einschlief wurde nicht mehr wach.

Einer der Südländer hielt sich immer an meiner Seite. Er kämpfte gegen die Erstarrung, indem er redete und redete. Nun, ich verstand natürlich kein Wort davon. Nach einer Weile ging es in Gelispel über, und als er sich endlich nicht mehr weiterschleppen konnte, klammerte er sich an mir fest, stammelnd wie ein Kind. Dann sackte er wie die anderen zusammen. Bei ihm fand ich noch zwei goldene Becher.

Wenn ich unterwegs nicht gebettelt hätte, mit meinem deutlich durch den Schuh sichtbaren großen Zeh, wäre ich wahrscheinlich auch nicht zurückgekommen. Aber man dachte, daß ich ein armer Teufel war, der keinen Cent besaß.“

Mutter, der warm geworden war, erzählte ihrerseits über ihren Onkel Hannes, der bei einem Feldzug in Spanien gewesen war. Onkel Hannes war ein kleiner lütticher Wallone gewesen und sehr fromm, der mit sovielen anderen in das ferne Land hatte ziehen müssen. Je weiter sie liefen, desto trockener wurde der Boden. Und die Menschen waren so braun, daß er meinte, sie hätten ihn ans Ende der Welt geschickt. Und das war auch so, er hat das Ende der Welt wirklich gesehen, sagte Mutter. Von den Büschen her wurde auf ihn geschossen; es kamen Schüsse von Häusern, von Dächern, von Bäumen, von überall her, aber kein Schütze war zu sehen. Schließlich kamen sie über eine gelbe Fläche, wo der Sand glühend heiß war, bis ans Ende der Welt, wo Himmel und Erde in einer blauen Wasserfläche zusammenkommen, so blau, wie man es noch nie gesehen hat. Seine Kameraden badeten die Füße im Himmel, aber er fiel auf die Knie, und aus Ehrfurcht tauchte er nur seine Hände hinein, um mit seinen nassen Fingern ein Kreuzzeichen zu machen.

Was das Mitnehmen von Kriegsbeute angeht, so hatte Onkel gesagt, daß es ein Land von Hungerleidern gewesen sei, wo Frauen, so schwarz wie die Nacht, viel sangen und tanzten, wobei sie sich auf die Hüften schlugen und Stückchen Holz zwischen den Fingern klappern ließen. Was Essen und Trinken anbelangt, wie es in unserem Land ist – das kannten dort noch nicht mal die Reichen.

„Und wir kennen das auch nicht", sagte daraufhin mein kleiner Bruder Hein.

Bei den Nachbarn schlug es zehn; die Holzschuhe waren aufgebrannt und es wurde wieder eisig kalt. Außer den Kleinen gelang es niemand von uns einzuschlafen und das, wo die Nacht noch so lang war!

Eine Lehre für das Leben

Während ihrer letzten Schwangerschaft hatte Mutter so viele Entbehrungen erlitten, und die Belastung in einem Winter zweimal aus dem Haus gesetzt zu werden, hatte ihr so einen Knacks gegeben, daß sie zum ersten Mal ein kleines schwächliches Wesen zur Welt gebracht hatte. Es war ein blondes Mädchen mit einem Engelskopf, der immer ein bißchen zur Seite hing. Wir verloren es nach zwei Jahren.

Mutter war darüber so betrübt, daß sie nichts trösten konnte. Wir hörten sie ganz leise murmeln: „Mein Mädchen, mein kleines Mädchen! Es ist gestorben, weil ihr zuviel fehlte."

Immer wieder fing sie mit uns ein Gespräch an über die Gebärden, die das Kind, das noch nicht sprechen konnte, gemacht hatte. „Weißt du noch, Keetje, daß sie auf meinem Schoß am Tisch saß, daß sie, sobald sie Brot sah, wußte, daß ich die Schublade aufmachen mußte? Und wie sie zwischen all den Messern doch so gut das Brotmesser herausfinden konnte, das sie mir dann triumphierend in die Hand gab? Und wie ich, um sie zu necken, ihr meine Brust bot anstelle eines Butterbrotes, und daß sie dabei vor Ekel so ein Gesicht zog, weil sie an den Geschmack von dem Senf dachte, den ich ihr darauf geschmiert hatte, um sie zu entwöhnen? Weißt du noch?"

Und Mutter lachte, während ihr die Tränen liefen.

Dann nahm sie aus einer Dose ein blondes Löckchen, worin noch Nissen klebten, stellte sich damit unter das Dachfenster unserer Mansarde, um die goldene Farbe deutlich zu sehen, und schluchzend küßte sie die Haare. Schließlich wurde Mutter krank und kümmerte sich noch weniger als sonst um ihre lebenden Kinder. Der Armendoktor kam sie besuchen, sah uns alle einmal kurz an und sagte: „Hübsche Kinder seid ihr wohl, aber ihr seid alle krank. Das Fieber frißt euch auf. Und was dich angeht, gute Frau, es wird höchste Zeit, daß du gut versorgt wirst; ich werde dir Chinin verschreiben, und davon darfst du dann auch den Kindern ein bißchen geben. Und tja, was können wir sonst noch machen? Du müßtest Eier, Fleisch und Wein haben."

Beim Wort Wein sahen wir uns alle in stummer Verwunderung an. Wein bei den Armen! Es schien als ob der Mann Witze machen wollte, denn für uns war das Wort Wein etwas, was in die Welt der Reichen gehörte: Wein, Reichtum, Überfluß. Er bemerkte unsere Bestürzung, sah noch einmal in unserem Kreise herum, zog die Schultern hoch und verschwand.

Es stimmte uns beinahe ehrfurchtsvoll, daß Mutter eine Krankheit hatte, die mit so etwas Vornehmem wie Wein geheilt werden mußte. Fleisch und Eier hatten uns nicht so aus der Fassung gebracht – wir sahen um uns herum Leute, die das sonntags auf dem Tisch hatten; aber Wein! Noch nie im Leben! Und wir standen so verwundert herum, daß das erste, was ich tat, war, mit glühendem Kopf zu den Nachbarn zu rennen und das zu erzählen.

Wenn meine Eltern allein über etwas sprechen wollten, mußten sie warten, bis sie im Bett lagen, und die Kinder schliefen.

Da ich oft nicht schlafen konnte, hörte ich sie manchmal beraten; ich wußte dann, was sie vorhatten und nahm Teil an ihren Sorgen.

Als an diesem Abend das Licht ausging, und mein Vater dachte, daß wir alle eingeschlafen waren, rief er leise: „Mina!"

„Ja, Vater?" antwortete sie.

„Sieh mal nach, ob Keetje schläft, die Göre wälzt sich manchmal die ganze Nacht hin und her."

Sie gab mir einen Stoß mit dem Ellenbogen und, da ich mich nicht bewegte, sagte sie: „Die schläft."

„Hör zu, du mußt doch mal während deines Dienstes Wein aus dem Keller holen, nicht wahr?"

„Ja, die alte Frau kann die Treppe nicht mehr runtersteigen und der Sohn will es nicht, und so werde ich dann geschickt."

„Na, dann könntest du aber auch einmal ein paar Flaschen Wein für Mutter mitnehmen."

„Nee, Dirk, sag ihr doch nicht so was, nee, das will ich nicht," protestierte Mutter.

„Sei doch still!"

„Nee, ich trau mich nicht, Vater. Ab und zu geht der Sohn hinunter, um eine ganz besondere Flasche zu holen, und dann kommt er natürlich dahinter, daß da Flaschen fehlen. Zwei Reihen zu je sechs liegen immer übereinander, und wenn ich eine Flasche wegnehme, sieht er es."

„Du darfst nicht eine oder zwei Flaschen wegnehmen, sondern eine ganze Reihe, dann merken sie es nicht."

„Und wie krieg ich die sechs Flaschen aus der Tür heraus?"

„Du legst sie in den Kohlenschuppen unter die Steinkohle, und jeden Morgen versteckst du zwei davon im Mülleimer, den du vor die Tür stellst: ich werde dann für das Übrige sorgen."

„Ja, so ginge es wohl", sagte Mina, nachdem sie einen Augenblick nachgedacht hatte.

„Und kannst du vielleicht auch eine von den Hosen des alten Herrn mitbringen? Er ist gelähmt und trägt sie doch sowieso nicht mehr."

„Eine Hose? Wie soll ich die mitnehmen? Die alte Frau gibt mir jeden Abend meine zwei Butterbrote in dem Moment, in dem ich zur Tür hinausgehe."

„Du solltest davon auch kein Bündel machen, selbstverständlich nicht, das würde unklug sein. Du mußt die Hose anziehen und die Hosenbeine bis zum Knie krempeln. Wenn du sie mit einer Stecknadel feststeckst, halten sie so, und kein Mensch sieht etwas von ihnen."

„Pfui, nee! Auf der Haut des alten Mannes sitzen immer Schuppen und er ist dauernd dabei, daran herumzukratzen bis es blutet. Ich will nichts anziehen, was auf seiner Haut gewesen ist."

Ich spürte, wie sie neben mir vor Abscheu schauderte. Um ihren Widerwillen zu äußern, trat und stieß sie mich, wovon ich bestimmt zehnmal wach geworden wäre, wenn ich nicht schon gespannt dagelegen und gelauscht hätte. Vater wurde nicht böse, aber versuchte, sie zu überreden.

„Komm man, wir sind gesund. Nimm mich, ich habe mir noch nie was geholt. All dies Gerede von Ansteckung ist bloß Unsinn, außerdem habe ich keine heile Naht mehr an meiner Hose, bald kann ich mich nicht mehr aus der Tür wagen."

Am folgenden Tag kam Vater mit zwei Flaschen Wein nach Hause. Eine wurde gleich geöffnet: der Wein hatte eine Farbe, ungefähr wie Rotkohl. Vater schenkte Mutter eine halbe Tasse ein: sie trank sie aus und verzog ihr Gesicht, als ob sie in eine saure Zitrone gebissen hätte. Dann ließ er uns mit dem Löffel davon probieren, aber wir zogen alle angewiderte Gesichter. Danach setzte er selbst die Flasche an den Mund, trank sie dreiviertel leer und mit der Zunge schnalzend sagte er: „Da finde ich nichts Besonderes dran, gib mir lieber einen Schnaps."

Mutter wurde knallrot und mußte sich übergeben, und ihr ging es so erbärmlich, daß wir für den Rest des Tages auf sie aufpassen mußten. Der Wein stieg auch später bei uns nicht im Ansehen.

Als Mina abends nach Hause kam, gab sie Vater einen Wink; er folgte ihr in den dunklen Flur zwischen der Haustür und dem Zimmer. Als sie wieder zum Vorschein kamen, begann sie wild, ihre Beine mit einem Tuch abzureiben und rief dabei: „Seine Haut hat Schuppen, seine Haut hat Schuppen!"

Am nächsten Morgen konnte mein Vater eine schöne dicke Hose anziehen, deren Knöpfe Mutter unter fiebrigem Augenzucken und bei jedem Geräusch von draußen aufspringend, versetzt hatte.

Ich hau' von der Arbeit ab

Sobald ich in unsere vollkommene Gasse kam, hörte ich die reinen Stimmen meiner Familie, die im Chor Psalmen sang. Sofort überkam mich ein Gefühl von Wohlbehagen; ich fing an zu rennen und stürzte ins Wohnzimmer. Die Stimmen schrien kurz auf und verstummten dann.

„Was, du bist hier?"

„Ja."

„Von der Arbeit abgehauen?"

„Ja."

„Keetje!" brabbelte eins meiner kleinen Brüder und streckte seine kleinen Fäustchen nach mir aus.

Ich nahm ihn auf den Arm.

„Klaasje, Klaasje, ich bin wieder da!"

„Und ich dachte, daß du im Dienst so gut zu essen bekommst", sagte Vater. „Wenn man gut zu essen bekommt, muß man viel ertragen können. Wir saßen hier und sangen, um den Hunger zu vergessen, und wie du siehst, hängt die Lampe schief. Das Öl ist fast alle."

„Das wußte ich, das wußte ich doch alles, und trotzdem bin ich zurückgekommen. Die ersten Tage war ich so ausgehungert, daß ich die Teller ableckte, ich konnte einfach nicht genug kriegen. Aber eine Bettlerin bin ich nun auch wieder nicht, und ich denk nicht daran, ihre Reste zu essen. Ich habe gesehen, wie sie Kartoffeln von ihren Teller wieder zurück in die Schüssel legten, und sie gaben uns Butterbrote, in die sie vorher schon reingebissen hatten. Und wenn ich schon arbeite, dann will ich nicht so behandelt werden. Ich seh' ja ein, daß sie keinen Honigkuchen weggeben oder Stücke von ihrer fetten Leberwurst oder allerlei andere leckere Sachen, die sie vor unserer Nase aufessen, ohne daß man was abbekommt. Meinetwegen. Aber ich möchte nicht, daß meine Butterbrote erst auf ihren Tellern gelegen haben."

„Du hast vergessen, wieviel Hunger du hier immer gehabt hast."

„Ganz bestimmt nicht, Vater, aber wenn man arbeitet ist das was anderes, als wenn man von der Wohlfahrt lebt."

„Du bist undankbar, Kind, du hast das Brot deiner Herrschaften gegessen und warst damit nicht zufrieden."

„Das stimmt überhaupt nicht, ich hab das Brot gegessen, das ich für meine Arbeit verdiente, und nicht ihr Brot. Das ist genauso wie bei der Putzfrau, die dastand und weinte, weil sie für andere arbeiten mußte. Ich sagte zu ihr: Arbeitest du für andere? Ich nicht, ich arbeite, um mir mein Essen zu verdienen. Oder dachtest du, daß ich für die Ausbeuterin auch nur einen Eimer anrühren würde, wenn sie mich nicht bezahlen würde? Das glaub' man ja nicht! Ich arbeite für mein eigenes Essen; je besser ich arbeite,desto besser muß ich behandelt werden, und ich arbeite so gut ich kann. Ich hatte die Gnädige schon gewarnt, und als sie uns heute abend doch wieder Kartoffeln vorsetzte, die vorher schon jemand angerührt hatte, bin ich abgehauen ohne zu essen."

„Na wunderbar, dann kannst du jetzt ja ohne Essen zu Bett gehen und auch ohne Essen wieder aufstehen. Nicht zu fassen! Sein Essen haben, und dann noch nicht mal zufrieden sein!"

„Mein Gott, Vater, ich werd' doch nicht die Töpfe von dieser widerlichen Alten auskratzen, und dann noch dankeschön sagen? Ich arbeite, und sie zahlt. Damit sind wir quitt, aber ich will nicht die Abfälle als Lohn haben."

„Ja, ja, das ist die Jugend von heute, die so redet, wir hätten uns sowas nicht erlaubt."

Ich zuckte mit den Achseln und setzte mich hin. Ich nahm den kleinen Jungen auf den Schoß, die Katze sprang auf meine Schulter und blieb dort liegen. Der Kleine schlief ein. Nach einer halben Stunde stieg mir das Blut in die Schläfen durch das Einatmen der stickigen Luft in unserem Zimmer, und doch zitterte ich vor Glück, bei meiner Familie zu sein.

Ich war älter geworden und hatte mich nun völlig dem Einfluß meiner Eltern entzogen. Ich hatte wenig Unterricht gehabt, aber seit meinem siebten Lebensjahr, als ich lesen gelernt hatte, verschlang ich jedes Buch, das in meine Hände fiel. 1870 las ich auf dem Weg zur Schule die Kriegsberichte, die vor den Schaufenstern hingen, von Anfang bis Ende, und all die Geschichten über Blutbäder fesselten mich dermaßen, daß ich mich nicht mehr auf den Unterricht konzentrieren konnte. Ich habe die ganze Troppmann-Affäre in den Zeitungen verfolgt, die kreuz und quer an Amsterdamer Reklametafeln klebten, und so habe ich auch ganze Fortsetzungsgeschichten gelesen.

Aber meine Empfindsamkeit war vor allem durch das Elend gewachsen, das uns zwang, listig zu sein, um Kredite zu organisieren, das uns in der Verzweiflung folgte, die wöchentliche Miete zusammenzukriegen und in der Schande, wenn Gläubiger uns ausschollten, bis die Nachbarn kamen, um zuzugucken. Eine Schmähung nach der anderen hatte sich in meinem Gedächtnis festgesetzt wie die von der Wucherin, die das Geld behalten hatte – mehr als einen ganzen Wochenlohn –, das wir uns von Essen und Kleidung abgespart hatten.

All das hatte meinen Charakter auf seltsame Weise verformt. Ich besaß eine starke natürliche Keuschheit und eine Empfindsamkeit und Lebenseinsicht, die weit über mein Alter hinausgingen. Ich war für jede Arbeit zu haben, aber kompromißlos, wenn ich mit etwas zu schaffen hatte, das mir unrecht erschien. Ich war nachgiebig und starrköpfig zugleich, was durch meine Flucht von heute abend bestätigt wurde.

Die Lampe brannte immer wetiter herunter. Wir legten uns schlafen: Meine Eltern gingen in unser einziges Bett, und die neun Kinder legten sich auf die Strohsäcke auf dem Fußboden. Als ich mich darauf ausstreckte, verspürte ich ein leichtes Schwindelgefühl, wie immer, wenn ich mich auf den Boden legte. Ich drückte Klaasjes kleinen Popo in meinen Schoß und schlief dann selig ein, als ich den kleinen, geliebten Knirps an meinem Körper spürte.

‚Meine Tochter, Herr Cabanel'
Félicien Rops

Mina war aus Faulheit und Trägheit Prostituierte geworden. Sie war in einem Freudenhaus gelandet, das ganz ordentlich und bescheiden aussah und wo abends Herren aus den besten Kreisen hineinschlichen. Die Mädchen waren nur nachts da. Die Bordellbesitzerin nannten sie „Mutter", und nachdem sie einen Kunden bedient hatten, mußten sie ihren Hut wieder aufsetzen und Handschuhe anziehen, als ob sie gerade hereingekommen wären.

Als meine Schwester alle diese Stammkunden durch hatte, die nie dieselbe Frau zweimal nahmen, verdiente sie nichts mehr. Alle ihre schönen Kleider kamen ins Pfandhaus, und bei uns zu Hause war wieder Hunger angesagt, so wie früher, denn Vater, der durch die Entbehrungen und den Alkohol ans Ende seiner Kräfte geraten war, arbeitete nicht mehr.

Einmal hat mich meine Schwester mit zu diesem Haus genommen. Ich war damals fünfzehn. Ich war blond und frisch, ein wirklich hübsches Mädchen. Viel Fleisch hatte ich nicht auf meinen Rippen, aber meine weiche Haut umschloß einen geschmeidigen Körper; ich hatte hohe, schmale Hüften und zwei Brüste wie Blumenknospen, die sich bald öffnen würden und worin der Saft kräftig empordrängte. Instinktiv beschützte ich sie mit beiden Händen.

Die Bordellbesitzerin hatte darauf angespielt, daß junge Mädchen so wie ich sehr gefragt waren. Aber nur, um ihre Beine ganz vornehmen alten Herren zu zeigen, mehr nicht! Nichts, wovor man Angst haben bräuchte! Ich war höchst empört, als ich begriff, was aus meiner Schwester geworden war und wo sie mich hingebracht hatte, und beschimpfte sie als Hure.

Zu der Zeit hatte ich eine Arbeit bei jüdischen Diamantschleifern, die während einer langdauernden Krise im Diamantengeschäft Altkleiderhändler geworden waren. Der Haushalt bestand aus etwa zehn Personen, und die wimmelten nur so durcheinander in einem Zimmer mit Alkoven: die Betten wurden abends auf dem Boden ausgebreitet. Das Geld, das sie verdienten, ging für Essen weg, vorzugsweise Süßigkeiten, und für auffällige Kleidung. Ich war bei ihnen wie Kind im Haus und schlief zusammen mit den zwei Töchtern meiner Herrschaft. Jeder im Haus war sehr freundlich zu mir, weil ich sanft und tüchtig zugleich war; wir gingen sehr herzlich miteinander um. Sogar unsere Läuse konnten gut miteinander auskommen. Die Juden hatten schwarze Läuse und ich blonde, und nach einigen Tagen begannen sie sich schon zu kreuzen. Innerhalb kürzester Zeit hatten wir alle schwarze und blonde Läuse und auch braune Bastarde, aber niemand von uns regte sich darüber auf; wir drückten sie mit unseren Daumen auf der Tischecke tot und hatten eine wilde Freude daran, sie unter unseren Nägeln knacken zu hören.

An einem Sabbatabend wollte ich mich gerade umziehen, um an die Arbeit zu gehen, als meine Mutter kam. Sie fragte die Jüdin, ob ich eben ein paar Stunden weg dürfte, und gab als Grund an, daß mein Onkel aus Deutschland gekommen war und mich vor seiner Abreise noch sehen wollte. Die Lüge war für mich offensichtlich. Unten an der Treppe wartete Mina, richtig wie eine Hure herausgeputzt, die Haare kurzgeschnitten und mit einer Brennschere frisiert wie die eines Zirkusartisten, und ihr dummes Gesicht vollgeschmiert mit weißem Puder und Rouge. Ich wurde wütend und sagte, daß ich im Haus meines Herrn nicht in Verruf gebracht werden wollte. Sie antwortete, daß ich eher geschmeichelt sein müßte, daß mich eine so schön gekleidete Schwester besuchen käme.

„Ja, ja, aber wer deine Hurenmanieren sieht und den Clownskopf, den du dir verpaßt hast, weiß sofort, was dies schöne Kleid bedeutet. Aber was ist denn los? Was ist das für ein Gefasel über einen Onkel, der mich sehen will?"

„Hör mal zu," sagte Mutter, „Mina verdient nichts mehr, alle ihre Kleider sind beim Pfandhaus. Wir sterben vor Hunger. Da ist ein älterer Herr, der deine Beine sehen möchte."

„Oh nein, damit brauchst du mir nicht zu kommen!"

„Ich hab ja vorausgesagt, daß mit der Göre nichts anzufangen ist. Aber es muß sein, los, mach schon, die Kleinen sind krank vor Hunger."

Ich bekam einen dicken Schleier, um mein Kindergesicht zu verbergen, und meine Schwester nahm mich mit. Ich trug ein leichtes Baumwollkleidchen, das ganz verschmutzt war, weil ich den ganzen Sabbat mit den Kindern auf den Bürgersteigen gespielt hatte. Auf meinem Kopf trug ich einen alten Damenhut, von meiner Herrin abgelegt, ein so auffälliges Ding, wovon die Bordellbesitzerin überhaupt nichts hielt. Sie befürchtete, daß der Kunde denken könnte, daß ich schon im Gewerbe war. Sie sagte immer wieder: „Was für ein Prachtstück! Hast du den geliehen, um hierhin zu kommen?" So machte sie weiter, daß der Kunde zum Schluß in gereiztem Ton sagte: „Ach was, dieser Lumpen wird wohl ihr eigener sein!"

Es war ein Mann zwischen fünfzig und sechzig, mager und mit einem vornehmen Äußeren. Fieberhaft betastete er meinen Körper und rief dabei: „Oh wie süß, oh wie süß!"

Mein ungewaschener Körper und meine Locken voller Läuse schienen mehr Eindruck auf ihn zu machen, als wenn ich mit Duftwässerchen besprüht und mit Spitzen umhängt gewesen wäre; aber am anziehendsten für ihn war unzweifelhaft der Schmerz, den ich litt.

Bevor er wegging gab er mir ein paar Gulden und sagte nochmal: „Oh wie lieb, oh wie lieb!"

Meine Schwester wartete auf mich. Als ich ihr erzählte, was passiert war, antwortete sie:

„Das wußte ich längst. Nun kannst du mich nicht mehr als Hure beschimpfen."

Wir begegneten Mutter an der Brücke unserer Gracht. Sie hatte rote Flecken auf den Wangen und blinzelte ängstlich mit ihren Augen. Ich gab ihr das Geld; sie warf mir einen kläglichen Blick zu, dem ich auswich.

Zu den Juden zurückgekehrt, begann ich den Abwasch vom Sabbat.

Dritter Umzug

Nach einer Reihe von Jahren voll grausamem Hunger mußten wir auch Amsterdam verlassen. Dieses Mal zogen wir nach Belgien. Die Stadt bezahlte den Umzug. Wieder einmal wurden wir abends auf ein Boot eingeschifft. Das Verderben, in dem ich fünfzehn Jahre alt geworden war, hatte meinen Blick geschärft, wodurch mir der Umfang unseres Elends völlig bewußt war – und dabei liebte ich Amsterdam. Als wir unter der Brücke von dem Hogesluis in die Amstel fuhren und wir die Stadt hinter uns ließen, wurde ich bleich und meine Zähne klapperten, als ob ich Fieber hätte.

Das Boot wurde von einer merkwürdigen Gesellschaft bevölkert. Ein Mann und eine Frau, die sich ununterbrochen stritten, wurden mitten in der Nacht von Bord gesetzt auf einer Schleuse, von wo aus sie den Kapitän noch eine zeitlang ausschimpften. Im Gemeinschaftsraum spielten mehrere Passagiere Karten und waren beim Knobeln. Sie hatten alle einen über den Durst getrunken; der Gestank von Tabak und Alkohol und ein fader Geruch, den ich nicht einordnen konnte, verpesteten die Luft. Ein betrunkener Mann hatte eine ganze Bank in Beschlag genommen; er lag auf dem Rücken und brabbelte wirres Zeug, wobei er sich mit den Fäusten hart auf den Kopf schlug; sein Atem stank so stark nach Alkohol, daß einem schlecht davon wurde. Unsere Kinder schliefen auf den Ecken der Bänke; Mina ließ sich von einem der Heizer streicheln, und Mutter und ich saßen in einer Ecke auf dem Boden aneinander gedrückt, zitternd und zu ängstlich, um schlafen zu können.

Wir kamen morgens in Rotterdam an, wo Polizisten auf uns warteten; sie sprachen Mutter an und fragten ‚ob sie die Frau wäre'. Ich fühlte mich durch diese Art so beschämt, daß ich, als wir über die Laufplanke gingen, laut zu einem von ihnen sagte: „Sie werden noch denken, daß wir Verbrecher sind"!

„Nein Kindchen", antwortete er, „die behandeln wir nicht so".

Na, das beruhigte mich ein bißchen. Als sie uns zu einem Kahn brachten, der nach Antwerpen fuhr, schienen sie übrigens sehr freundlich zu sein.

Mutter hatte einen Vorrat an altbackenen Brötchen eingekauft, die billiger verkauft wurden. Hein erzählte mir begeistert, daß er Reisen sehr angenehm fand, weil man dann wenigstens gut zu essen bekam; er hatte sicher vier Brötchen bekommen: ich hatte selbst nichts gegessen: mein Hals war zugeschnürt und mein Magen auch. Bei uns wurde nie gefragt, ob man vielleicht Appetit hatte – man bekam nur etwas, wenn man danach fragte.

In den Schleusen von Hansweert kamen Frauen aus Zeeland an Bord, um Kirschen zu verkaufen. Und davon würde ich gerne was gegessen haben, von den Kirschen, wenn ich ein paar Cents gehabt hätte, um sie zu kaufen. Ich hatte die zeeländische Tracht noch nie gesehen und war sofort begeistert von der schönen spitzen Mütze mit den großen Flügeln und der goldenen Verzierung an beiden Seiten der Schläfen. Aber am meisten bewunderte ich die prächtige rote Korallenkette und das Leibchen mit den gestickten Blumen, an den Schultern entlang mit schwarzem Samt abgesetzt. Ich wäre gerne eine zeeländische Bäuerin gewesen, um so gekleidet gehen zu können; sogar die vielen Röcke, die wie eine Glocke abstanden, fand ich schön. Während eine der Frauen die Leitern zur Schleuse wieder hochging, wehte ihr Rock hoch, so daß man sehen konnte, daß sie keine Hose anhatte. Und wie die Leute lachten! Mich ärgerte vor allem das Lachen der Frauen an Bord, unter anderem das meiner Schwester Mina, die Kirschen geschenkt bekommen hatte. „Gemeines Luder", zischte ich ihr zu.

Am Kai in Antwerpen wartete Vater auf uns. Die Stadt, in der es zu der Zeit nichts zu tun gab, gefiel mir überhaupt nicht. Das Flämisch, das die Leute dort sprachen, schien mir die gröbste Sprache zu sein, die ich je in meinem Leben gehört hatte. Eine gutgekleidete Dame sagte zu einem Kind: „Los, los, oder ich hau dir eins auf den Hintern!" Ich sah ältere Mädchen, die sich ohne jegliche Scham auf die Straße setzten, um ihre Bedürfnisse zu verrichten und ihre Röcke höher zogen als nötig war. Na, wenn das Belgien war! Ich fragte, wo die Grachten wären – ich konnte mir keine Stadt ohne Grachten vorstellen.

„Die gibt es nicht", sagte Vater, „oder nur im Hafenviertel, und was für Grachten!"

Noch nicht mal Grachten. Alles in der Stadt war mir zuwider. Wir luden unsere Sachen auf einen Handkarren, den Hein und ich schoben bis irgendwo an den Stadtrand.

Dieses Mal hatte Vater sich noch nicht einmal die Mühe gemacht, eine Wohnung für uns zu suchen. Ein freundlicher Wirt, bei dem er Unterschlupf gefunden hatte, gestattete uns, auf seinem Dachboden zu schlafen.

„Nur hat der Schuster vom ersten Stock hier seinen Arbeitsplatz", sagte uns die Frau.

Wir legten Stroh auf den Fußboden, und da lagen wir, alle mit Kopfschmerzen, dicht neben dem Schuster, der meine Schwester und mich mit begierigen Augen ansah und der ab fünf Uhr morgens laut auf das Leder hämmerte.

Sie schälen Zwiebeln

Wir nahmen eifrig jede Gelegenheit wahr, ein paar Cent zu verdienen.

Eine alte Dame, die einen kleinen Betrieb besaß, wo Gemüse eingelegt wurde, machte Mutter den Vorschlag, der zwölfjährigen Naatje und dem achtjährigen Kees Arbeit zu geben; sie mußten den ganzen Tag über Silberzwiebeln schälen und putzen.

Am ersten Abend, als sie von der Arbeit nach Hause kamen, erschraken wir bei ihrem Anblick: ihre Gesichter waren völlig aufgedunsen und schmutzig, weil sie mit ihren dreckigen Händen darüber gerieben hatten, und ihre Augen waren geschwollen, als ob sie eine Tracht Prügel bekommen und stundenlang geweint hätten. Wir fragten, wie das passiert wäre, und sie erzählten, was an dem Tag geschehen war.

Als sie morgens um sieben Uhr zur Arbeit gekommen waren, hatte die alte Damen sie auf zwei Schemel vor einen großen Korb mit Zwiebeln gesetzt und ihnen gezeigt, wie sie vorsichtig die Schale entfernen mußten, ohne in die Zwiebeln zu schneiden, denn jede Kerbe wurde in Essig blau, und blaue Zwiebeln konnten nicht mehr als erste Wahl verkauft werden.

Sie waren voller Eifer ans Werk gegangen, während die Dame, die bei ihnen saß, Gurken putzte. Schon kurz darauf begannen ihre Augen zu tränen, und sie hatten sie mit ihren Händen abgewischt, die feucht vom Zwiebelsaft waren. Dann hatte Naatje, die es nicht mehr aushalten konnte, angefangen, auf ihrem Schemel hin- und herzurutschen, worauf die alte Dame sagte:

„Naatchen, um Gottes willen, halt' deine Quanten still."

Danach war noch ein junger Mann hereingekommen, den sie zunächst für den Sohn der alten Dame gehalten hatten, aber als sie merkten, daß es ihr Mann war, hatten sie sich kaputt gelacht. Daraufhin war die alte Frau außer sich geraten vor Wut und hatte gekreischt:

„Im Namen der heiligen Dreifaltigkeit, Keeske, hör' auf mit deinem blöden Geschrei, du schreist ja wie ein Spanferkel!"

Und sie hatten sich ihr Lachen erst recht nicht mehr verkneifen können, als der junge Ehemann ihnen ein Zeichen gegeben hatte, daß sie den Korb mit Zwiebeln umkippen sollten, was sie natürlich prompt erledigten. Die Frau hatte dagestanden und gejammert, die heilige Jungfrau Maria angerufen und erklärt, daß Kinder eine Geißel für die Menschheit wären. Der junge Mann hatte geantwortet:

„Eine Geißel, Großmütterchen? Ja, ja, nur weil du zu alt bist, um selbst noch welche zu kriegen."

Dann hatte sie die Augen zum Himmel gerichtet und fromm gesäuselt:

„Herr, vergib ihm, denn er weiß nicht, was er sagt oder tut."

Naatje und Keesje unterhielten uns vierzehn Tage lang mit Geschichten über die alte Frau und ihren jungen Mann. Aber die Entzündung ihrer schönen Augen wurde allmählich so schlimm, daß wir es mit der Angst bekamen und es nicht riskieren wollten, sie noch länger Zwiebeln schälen zu lassen.

Eine Nacht im Park von Brüssel

Wir bewohnten in einem der Vororte ein neues Haus, wo das Wasser von den Wänden lief, so feucht war es da. Wir hausten oben, und unten betrieb der Hausherr eine Feinkosthandlung. Die erste Rate hatten wir vorausbezahlt, und wir kauften den ersten Monat unsere Lebensmittel bei ihm auf Kredit. Aber als wir am Ende des Monats kein Geld für die Miete und ebensowenig für die Rechnung hatten, kam die Frau des Hauswirts, eine im sechsten Monat schwangere flämische Bäuerin, jeden Tag nach oben gestiegen, um das Geld einzutreiben und um uns anzupöbeln. Wir konnten einfach nicht mehr die Treppe rauf- oder runtergehen, ohne daß sie uns daraufhin anging. Und vor allem ich hatte die Gabe, ihre Wut zu wecken; sie begann buchstäblich vor Wut zu schäumen, wenn sie mich sah.

„Aha, da haben wir sie ja! Die mit den Damenmanieren! Du solltest lieber deine Schulden bezahlen anstatt dir Locken in die Haare zu legen. Sieh dir diese Haare an, mein Gott, man würde sagen, daß sie die heilige Jungfrau ist, aber von wegen bezahlen! Es dauert nicht mehr lange, und ich werde sie dir abschneiden, wart nur, du!“

Ich hatte Angst vor ihr. Ich tat was ich konnte, um Arbeit zu finden, aber weil ich kein Französisch sprach und nicht wußte, an wen ich mich wenden mußte, fand ich nichts.

Schließlich mußten wir umziehen. Meine Mutter hatte zwei Zimmer am anderen Ende der Stadt gemietet und Vater, der Kutscher bei einem Fuhrunternehmer geworden war, würde, ohne daß sein Chef etwas davon merkte, unseren Kram zwischen zwei Fuhren transportieren. An einem Sonntagmorgen fuhr er also mit seinem Wagen vor. Ich war davor ausgekniffen in der Überzeugung, daß die Frau des Hauswirts die ganze Nachbarschaft in Aufruhr bringen würde, wenn sie dahinter käme, daß wir ohne zu bezahlen an einen unbekannten Ort ziehen. Und wirklich, als der Wagen schnell wegfuhr, vollgepackt mit unseren Sachen und mit Mutter und den Kindern, hielt sich die schwangere Frau an dem Karren fest und rannte minutenlang mit, bis sie erschöpft loslassen mußte; aber auch dann ließ sie nicht ab hinterherzustolpern, um ihn nicht aus den Augen zu verlieren.

Ich wartete den Wagen in der Groenelaan ab. Mutter winkte mir im Vorbeifahren, daß ich aufspringen sollte; aber ich sah in der Ferne den rotangelaufenen, wilden, zeternden Menschen angerannt kommen. Ich hatte gerade noch Zeit, um mich hinter einem Baum zu verbergen, denn sie hätte mich niedergemacht, und als sie vorbei war, ergriff ich die Flucht. Ich dachte nicht daran, in diesem Moment geradewegs zum neuen Haus zu gehen, sondern machte einen langen Umweg und landete dabei auf der Laekener Brücke. Dort war eine fröhliche Menge unterwegs wegen irgendeinem Straßenfest. Und dicht bei der Brücke, am Wasser, stand der Wagen: Mutter und die Kinder daneben und Vater betrunken darin.

Mutter erzählte, was da geschehen war: die Frau hatte sie eingeholt, hatte den neuen Hauswirt gewarnt, daß wir niemals etwas bezahlten, und der hatte die halbe Monatsmiete, die wir vorausbezahlt hatten, zurückgegeben. Und so standen wir wieder auf der Straße! Vater, der schon etwas getrunken hatte, hatte sich dann total besoffen, und da er jetzt nicht mehr mit dem Wagen zurückkommen würde, sollte er auch noch seine Stellung verlieren.

Ich wurde fast verrückt vor Angst und Scham. Mein Bruder Hein, der sechzehn war, stand genauso niedergeschlagen dabei wie ich. Ich sagte: „Komm', Hein, wir können nicht als Landstreicher bei dem Karren und diesem Betrunkenen herumstehen bleiben. Laß uns hier weggehen, wir finden bestimmt irgendwo eine Unterkunft für die Nacht".

Ich sagte meiner Mutter, daß wir uns am nächsten Tag um neun Uhr in der großen Allee vom Park treffen würden, und wir machten uns auf den Weg. Hein trug einen ganz anständigen Anzug aus ungebleichtem Leinen, und ich sah auch ordentlich aus. Hein, der bei einem Schmied arbeitete, bekam sonntags fünfzig Centime Taschengeld und wollte wie immer davon saure Drops kaufen: er bekam davon hundert Stück für seinen halben Franken und lutschte den ganzen Tag daran. Aber um nicht ohne Essen bleiben zu müssen, bat ich ihn diesmal Brötchen dafür zu kaufen, was wir auch taten. Wie es meistens der Fall war, hatte ich selbst keinen Sou.

Bei den einfachen Leuten kennen Brüder und Schwestern sich nach den Kinderjahren meistens nur oberflächlich: die Jungen gehen in eine Werkstatt, die Mädchen gehen auch irgendwo in Dienst, und sie sehen sich kaum und sprechen wenig miteinander. Ich war daher so erstaunt, daß mein Bruder so ordentlich und zuvorkommend war, daß er so kindlich-unschuldig lachen und solch richtige und schöne Bemerkungen machen konnte; es tat mir wirklich gut, daß wir so prima miteinander auskommen konnten.

Zuerst spazierten wir zum Botanischen Garten, um unser Brot aufzuessen. Dann ging ich zu einem freundlichen deutschen Maler, dem ich unsere unglücklichen Erlebnisse erzählen und um Unterkunft für die Nacht bitten wollte; aber er war bis zum nächsten Tag nicht in der Stadt. Schwer enttäuscht kam ich zu meinem Bruder zurück: was blieb uns jetzt noch übrig? Zurück zu gehen zu unserer Familie, die um den Karren herumsaß wie ein Haufen Gaukler bei ihrem Wohnwagen? Nein, das auf keinen Fall, das war das

Letzte, was wir wollten.

„Es bleibt nichts anderes übrig“, sagte ich, „als heute nacht auf der Straße zu bleiben. Es ist zum Glück warm, das wird uns nicht schaden“.

Wir gingen zum Park, liefen dort die Allee auf und ab, und da das Wetter milde war, schlug ich vor, daß wir uns einschließen ließen. Zu der Zeit war der Park noch nicht beleuchtet. Es hatte ein Konzert im Musikpavillon stattgefunden, die Menge begann auseinander zu gehen, und an jedem Ausgang war ein Parkwächter postiert. Als ich die Leute alle weggehen sah, bekam ich Angst und fürchtete, daß die Parkwächter eine Runde machen würden, um sicher zu sein, daß niemand zurückgeblieben war. Daher verließen wir den Park mit den anderen und begannen durch die Straßen zu irren.

Allmählich fühlten wir uns todmüde, und außerdem hatten wir einen mächtigen Hunger. Auf einmal überkam mich die Angst, daß wir von der Polizei aufgegriffen würden.

„Aber Hein, das ist die Idee! Wenn wir zur Polizeiwache gingen, um nach einer Unterkunft zu fragen? Das ist auf jeden Fall besser, als eingesperrt zu werden; ich würde sterben vor Angst und Scham, denn wenn man von der Polizei aufgegriffen wird, ist man für das Leben gezeichnet. Los, dann können wir uns lieber selbst anzeigen.“

Ich zitterte so, daß mein Bruder zu weinen begann. Wir gingen so lange, bis wir auf dem Grote Markt waren. Dort sprach Hein einen Polizisten an und bat ihn um eine Unterkunft; der Mann zuckte mit den Schultern, sah mich an, sah Hein kurz an, und brachte uns dann zum Kommissar. Mein Bruder führte das Wort. Der Kommissar, ein alter Mann, sah mich während er zuhörte unverwandt an, und auf einmal brach er in einen Wutanfall aus:

„Schulden! Ihr seid natürlich durch Schulden in

diese Lage gekommen! Mich geht das nichts an, seht selbst zu wie ihr zurechtkommt!"

Der Polizist wagte schüchtern zu sagen: „Aber das sind doch fast noch Kinder, Herr Kommissar."

Aber das machte ihn nur noch wütender, und er antwortete, daß wir in die Gemeinde zurückgehen müßten, in der wir zuhause waren. Ich sagte, daß wir aus Angst, sonst aufgegriffen zu werden, zur Polizei gegangen sind.

„Ja, ihr stellt euch aus Angst davor, aufgegriffen zu werden. Das ist stark, das ist gut! Und jetzt, schert euch zum Teufel!"

Als wir wieder auf der Straße standen, begannen wir zu lachen und herumzuspringen, auch wenn die Zähne klapperten.

„Oh, wenn die Dinge so stehen, haben wir Glück! Welch glücklicher Zufall! Jetzt können wir herumlaufen soviel wir wollen, wenn wir doch nicht eingesperrt werden! Vorwärts marsch, schert euch zum Teufel! Gott, was für ein alter Scheißkerl! Los, vorwärts!"

Und wohlgelaunt gingen wir Richtung Koninklijke Straat. Nachdem wir noch eine Zeitlang umhergegangen waren, beschlossen wir, die Nacht aber doch im Park zu verbringen, in den wir dadurch gelangten, daß wir über eine Hecke kletterten. Die Bänke waren klitschnaß vom Tau. Wir trauten uns fast nicht zu gehen aus Angst, außerhalb der Hecke gehört zu werden, und wir wagten auch nicht weiter hinein zu gehen, weil dort die Gefallenen von 1830 begraben lagen. Mein Bruder zitterte in seinem dünnen Anzug. Von Schlaf war keine Rede, dafür waren wir viel zu ängstlich. Wir setzten uns so unter einen Baum.

Als der Tag anbrach, wurden wir von einem Arbeiter, der auf der Koninklijke Straat ging, gesehen. Wir flüchteten in den äußersten Teil des Parks. Ich kauerte mich auf eine Bank, hob meinen Rock hoch, ließ Hein mit seinem Kopf in meinem Schoß auf der Bank liegen und deckte ihn mit meinem Rock zu. Wir waren völlig steif vor Kälte. Hein konnte das weniger gut ertragen als ich, aber so zugedeckt schlief er ein; ich döste ein bißchen, immer aufmerksam, ob Gefahr drohte. Und so wurden wir von einem Mann gefunden.

„Was macht ihr hier?"

„Wir sind eingeschlossen."

„Was? Sag' lieber, ihr habt euch einschließen lassen, um euer Vergnügen zu haben!"

Und das alles in Brüsseler Platt, das ich übrigens nur allzugut verstand.

„Aber er ist mein Bruder!"

„Dein Bruder? Ja, das kennen wir! Wartet nur, ich werde euch schon kriegen."

Er ging weg; wir warteten seine Rückkehr nicht ab und sprangen über die Hecke.

Bäuerinnen, die auf dem Weg zum Markt mit ihren Milchkarren oder mit Körben voller Gemüse auf dem Kopf vorbeikamen, ärgerten mich mit meinem Freier. Ich errötete vor Scham: selbst wenn Hein nicht mein Bruder gewesen wäre, dann war er aber doch nur ein kleiner Junge.

Wir setzten uns auf den Boulevard: neue Späße von den Arbeitern, die zu ihrer Arbeit gingen. Hein sagte kein Wort, genauso verlegen wie ich mit diesem zweideutigen Zustand.

Als der Park geöffnet wurde, gingen wir wieder hinein, um auf Mutter zu warten. Hein konnte nicht mehr. Ein Polizist in Uniform fragte uns, warum wir dort immer herumlungerten. Ich wollte ihm gerade eine Antwort geben, als mein Bruder flüsterte: „Mund halten, es ist derselbe Mann, der uns wachgemacht hat!"

Als wir uns wieder auf einer Bank fallengelassen hatten, kam ein betrunkener Kerl und setzte sich schimpfend und murrend neben uns. Er hatte ein

Päckchen mit einer Schnur darum bei sich, in dem offenbar Butterbrote steckten. Hein und ich sahen einander an und verstanden des anderen Gedanken. Das Päckchen fiel auf den Boden; mit einem schnellen Blick sorgte ich dafür, daß Hein aufstand: er ging um die Bank herum, hob das Päckchen auf und spazierte langsam davon. Ich blieb einfach sitzen. Der Mann bemerkte schon bald, daß sein Essen verschwunden war; überall rumsuchend stotterte er: „Die Schweine! Sie haben mich bestohlen!“

Als könnte ich seine Anwesenheit nicht länger ertragen, stand ich auf und ging meinerseits weg. Am Ende des Parks holte ich meinen Bruder ein. Wir machten fieberhaft die Schnur ab, aber anstelle der dickbeschmierten Butterbrote, auf die wir gehofft hatten, kamen da zwei altbackene Schnitten ohne Butter zum Vorschein; das sollte uns nicht stören, wir fanden sie herrlich.

Mutter kam zum abgemachten Zeitpunkt. Sie sagte, daß meine Eigensinnigkeit ihr furchtbar Angst gemacht hatte; daß Vater mit dem Wagen durch die Straßen herumgeirrt war, daß sie aber eine zu vermietende Wohnung gesehen hatten, die wir bekommen konnten. Sie brachte uns zu einer Straße in einem Außenbezirk, wo wir im zweiten Stockwerk ein Zimmer bezogen. Unten war wieder ein Kolonialwarengeschäft, wo wir anschreiben lassen konnten – wir waren in diesen Dingen ganz ausgekocht geworden.

Hein, der ganz steif war, konnte die Treppe fast nicht mehr hochkommen; sobald er oben war, ließ er sich auf einen Stapel Lumpen fallen und schlief ein. Ich trank Kaffee und aß ein Stückchen Brot, und eine neue Zeit des Elends brach an.

Die Pocken

Unsere Wohnung bestand aus einer halb unter dem Boden liegenden Küche und einem Dachbodenzimmer, in dem die ganze Familie auf zusammengestöberten Lumpen schlief. Jetzt wo ich siebzehn war, wollte ich dort nicht mehr liegen und schlief im Keller auf dem alten Canapé. Eines Morgens war ich zu einer Freundin gegangen, die versprochen hatte, mich zu einem Theater mitzunehmen, wo sie Mädchen für den Chor brauchten. Ich wurde abgewiesen, weil ich kein französisch sprach, und entmutigt blieb ich bis spät in den Abend bei dieser Freundin hängen.

Mein Bruder Klaasje, der jetzt acht war, hatte seit dem vorigen Abend Fieber, wobei er rote Flecken auf seinem Körper bekommen hatte, und als ich in meinen Keller kam, fand ich meinen Schlafplatz durch ihn belegt; es war herausgekommen, daß er die schwarzen Pocken hatte. Auf zwei Stühlen, ans Canapé herangeschoben, lag mein Bruder Dirk, der dreizehn war, mit seinem Kopf auf dem selben Kissen, wie sein kleiner Bruder, Gesicht an Gesicht; er hielt dessen Hände fest, so daß er sich nicht kratzen konnte und erzählte Geschichten, um ihn abzulenken.

Klaasje war ein selten schönes Kind. Ich nannte ihn ‚meine kleine Eidechse', weil er, immer wenn er unartig gewesen war, sich gewöhnlich unter den Möbeln verkroch, wie eine Eidechse unter einem Stein. Wir waren alle sehr entsetzt bei dem Gedanken, daß er durch die Pocken entstellt werden würde.

Ich legte mich auf den Fußboden, weil ich nicht bei den Kindern und meinen Eltern oben schlafen wollte und hörte Dirk Geschichten über Elefanten erzählen, die auf die Türme der Kathedrale geflohen waren, weil Flöhe ihnen nachsetzten. Das Kind fragte mit einer dicken entzündeten Zunge, ob die Flöhe die Elefanten denn stechen könnten, da sie doch so eine dicke Haut haben. Dirk war sprachlos; er hielt kurz seinen Mund, aber antwortete dann:

„In ihren Hintern!“

Der Junge lachte so ansteckend, daß wir alle drei losbrüllten. Er sagte, ständig mühsamer sprechend:

„Ich weiß schon, daß es Unsinn ist, aber erzähl' doch weiter, es macht so einen Spaß!“

Und Dirk erfand die ganze Nacht Geschichten.

Solange wie die Krankheit dauerte, blieb er bei dem Kind, hielt seine Hände fest, so daß er sich nicht kratzen konnte und erzählte ihm, mit seinem Gesicht gegen das von Klaasje, die verrücktesten Geschichten.

Die Kartoffeln

Keiner von uns, außer Kees, hat sich je getraut zu betteln. Noch nicht einmal in den schlimmsten Zeiten der Entbehrung kam dieser Gedanke bei uns auf, aber Kees litt nun einmal schlimmer unter dem Hunger als wir alle: auch wenn er seinen Anteil bekommen hatte, was ihm nicht genug war, verfolgte er mit gierigen Blicken die Brocken, von der Hand zum Mund und vom Mund zur Hand. Und Kees hat sich dann auch getraut. Er bettelte an den Fenstern der Küchen in den Souterrains, und man gab ihm dann Reste von Kartoffeln. Er aß einen Teil selbst auf, aber brachte davon auch etwas nach Hause.

Eines Tages, nachdem ich vergeblich Arbeit gesucht hatte, ausgelaugt von Krankheit und Müdigkeit nach Hause kam, fand ich die ganze Familie vor mit kalten, bereits halbverdorbenen Kartoffeln in den Händen. Ich fragte, wie sie daran gekommen waren. Sie antworteten, daß Kees sie gebracht hatte; er selbst war aus Vorsicht zur Tür gegangen, um einer Ohrfeige zu entgehen.

„Was, schämst du dich nicht, du Miststück," schrie ich, und stürzte mich auf die Kartoffeln, „wie kannst du nur betteln!"

Ich nahm eine zwischen die Finger; sie war säuerlich, aber sehr lecker. Mit seinen Augen folgte Kees der Kartoffel von meiner Hand zu meinem Mund und zurück von meinem Mund zu meiner Hand. Und sein Blick fragte: „Lecker – oder nicht? Willst du mir noch immer eine Ohrfeige geben?"

Als ich ihm nochmal sagte, daß er nicht betteln dürfte, steckte er seine Hände in die Hosentaschen und zog so seine Hose hoch. Seine Augen und eine Falte über seiner Nase sagten spottend:

„Hör doch auf!"

Und ich habe später noch öfter davon gegessen, von diesen Kartoffeln.

Brot für Briefmarken

Ich kam nach Hause, klitschnaß vom Regen und vom Modellstehen bei einem Maler übermüdet, ich hatte den ganzen Tag nichts anderes gegessen, als ein leckeres, aber ganz kleines Stückchen Brot, das er mir gegeben hatte. Es gab kein Essen: die ganze Familie wartete gerade auf mich, in der Meinung, daß ich Geld für das Modellstehen mitbringen würde; aber der Maler hatte mich nicht bezahlt, und ich wagte niemals, danach zu fragen.

Wir überlegten, wie wir auf Pump zu Brot kommen konnten und fanden keinen Ausweg, bis ich mich daran erinnerte, daß ich einige Briefmarken von einem, zwei und fünf Centimes in meiner Tasche hatte. Ich hatte sie in dem Atelier in einer Delfter Schüssel zwischen allerlei Gerümpel gefunden, und weil sie zerknüllt und verknickt waren, hatte der Maler mir erlaubt, sie zu behalten.

Ich wußte, daß man etwas kaufen und mit Briefmarken bezahlen konnte, aber keiner von uns wagte es, damit loszugehen. Endlich entschloß sich Kees dazu; und zu unserer Verwunderung kam er mit einem Brot und einer Kerze zurück, denn wir saßen auch im Dunkeln. Wir fragten ihn, wie er es fertiggebracht hatte, und dann erzählte diese Rotznase von zehn Jahren ganz einfach, daß sich die Frau erst geweigert hatte, für die alten Marken ein Brot rauszugeben, aber dann kamen sie ins Gespräch, und er erklärte, daß Briefmarken genauso gut wie bares Geld wären, daß sie sie ebenso gut bei ihm wie bei der Post kaufen und daß sie sich auf diese Weise einen Weg sparen könnte.

Die Logik und die Scharfsinnigkeit, womit er die träge flämische Frau dazu gebracht hatte, ihm im Tausch für die Marken Brot zu geben, waren wirklich außergewöhnlich geschickt gewesen. Trotz meiner Unwissenheit sah ich das wohl ein, und ich war stolz darauf.

Kees, der Akrobat

Ich war auf dem Weg nach Hause, total erschöpft vom ewigen Herumirren durch die Stadt, um irgendeine Arbeit zu finden. Ich sah fünf oder sechs Leute auf einem Haufen stehen; zuerst dachte ich an ein Unglück, aber als ich näher heranging, sah ich Kees, der sich breitbeinig stehend nach hinten bog, um mit seinen Lippen eine fünfzig-Centime-Münze aufzunehmen, die zwischen seinen Füßen lag.

Mein erster Gedanke war, ihm einen Schubs zu geben und ihn mit einigen Fußtritten nach Hause zu jagen, aber eine verkehrte Bewegung, und er konnte sich das Rückgrat brechen. Deshalb wartete ich ab. Äußerst vorsichtig richtete er sich wieder auf, das fünfzig-Centime-Stück zwischen den Zähnen. Die erste, die er sah, war ich, vor Scham weiß geworden; er sah mich an, spuckte das Geldstück aus und begann zu laufen, so schnell er konnte und drehte seinen Kopf herum, um zu sehen, ob ich ihm folgen würde.

So weit war es nun in diesem fremden Land mit uns gekommen, wo wir vor Hunger buchstäblich umkamen! Ganz bestürzt kam ich zu Hause an, und das erste, was ich zu meiner Mutter sagte, war:

„Warum ist Kees nicht in der Schule? Ich habe ihn auf der Straße gefunden, wo er für Geld Kunststücke machte. Es ist deine Schuld, wenn nichts aus den Kindern wird; sobald nur ein Eimer Kohlen geholt werden muß oder auf die Wäsche aufgepaßt werden muß, die zum Bleichen draußen liegt, hältst du sie von der Schule ab. Und Dirk! Hast du eigentlich eine Arbeitsstelle gesucht, wo er in die Lehre gehen kann?"

„Nein, ich bin noch nicht losgegangen, er ist zu klein."

„Aber er ist fünfzehn, und die Kleinen müssen genauso gut essen wie die Großen. Laß ihn Schuster oder Schneider werden. Das ist keine schwere Arbeit so wie in der Schmiede von Hein."

„Sei doch still, du bist schon genau wie dein Vater; du willst die Kleinen zur Arbeit schicken, um selbst dein Geld zu behalten, wenn du was verdient hast."

„Ich bin genauso dran wie sie: ich habe keinen einzigen Beruf gelernt. Du hast uns in die Welt gesetzt und einfach nur aufwachsen lassen, wild wie Unkraut, bis wir vor Elend krepieren können. Glaub' nur nicht, daß ich Kinder will!"

„Was sind das für Ausdrücke? Woher kommst du?"

„Hör mal, ich bin achtzehn. Und es ist eine Schande, uns erst in die Welt zu setzen und dann mit uns zu machen, was du tust."

„Davon hast du noch keine Ahnung, du mußt Kinder eben hinnehmen, wenn sie kommen."

„Ja, das auch noch, muß ich dir etwa noch beibringen, wie du sie nicht zu kriegen brauchst?"

Die Tür ging auf. Kees blieb auf der Schwelle stehen und wagte nicht hereinzukommen. Ich sah ihn nicht an.

„Gibt's nichts zu essen?" fragte er Mutter.

„Nein, ich dachte, daß du mal was mitbringen würdest."

Kees kam herein; er lief im Zimmer herum und sah mich unterdessen starr an. Unsere Blicke kreuzten sich, und seiner schien zu sagen:

„Nun siehst du, ich hätte dir Brot geben können, du gehst immer gleich hoch, hast du nun deinen Willen?"

Oh, der kleine Knirps! Er hatte versucht, seine Beweglichkeit und Geschicklichkeit zu benutzen, womit er vor anderen Jungen angab. Das Spiel, in dem er so gut war, hatte er gebrauchen wollen, um uns Essen zu verschaffen. Ich fing heftig zu weinen an.

„Was soll nur aus ihnen werden? Wie werden sie

wohl enden?"

„Oh, was hat die Dame denn jetzt schon wieder? Es ist dir ja sowieso egal, was aus ihnen wird, wenn du nur keinen Ärger mit ihnen hast! Solange du nur deine Bücher zum Lesen hast, dann kann jeder tot umfallen. Wenn dir wirklich etwas an den Kindern liegt, würdest du nicht so auf ihnen herumhacken!"

Ich sprang auf meine Mutter zu und schrie:

„Aber ich will, daß sie was lernen, daß sie einen Beruf erlernen! Siehst du etwa nicht, daß sie Herumtreiber und ein schlimmes Ende nehmen werden? Begreifst du denn nicht, daß es schlecht ausgehen wird, jetzt wo sie groß werden?"

Sie zog die Schultern hoch. Da war nichts mehr zu machen. Und doch war das dieselbe Mutter, die nicht wollte, daß meine ältere Schwester und ich zu einer Armenschule gehen mußten, als wir klein waren und sie ihren Mantel ins Pfandhaus gebracht hatte, um das Schulgeld bezahlen zu können.

Kees war bereits wieder draußen. Eine halbe Stunde später kam er mit einem großen Brot zurück. Mutter schnitt es an. Zuerst wollte ich nichts davon haben, aber ich konnte dem Hunger nicht widerstehen und nahm doch eine Scheibe.

„Kees," sagte ich, „komm doch mal her."

„Warum?" fragte er mißtrauisch.

„Komm doch."

Ich wollte ihn ganz fest umarmen und an mich drücken. Er kam. Ich faßte ihn bei den Schultern. Sein Augenaufschlag, so strahlend, so verständnisvoll und schon so vertraut mit den elenden Dingen dieses Lebens, beeindruckte mich so stark, daß ich ihn durchschüttelte und weinend sagte:

„Du sollst das nicht tun, du darfst das nicht tun, Kees, du Schuft, du!"

„Mutter, siehst du, wie das falsche Aas mir erst schmeichelt und mir dann weh tut!"

Er befreite sich mit einem Ruck und flüchtete zu Mutter.

„Ja, sie ist falsch, ein Judas, die Drecksgöre; sie hat nichts von meinen anderen Kindern."

„Ja, aber ich bin genauso wie Kees, aber er begreift es nicht!"

Ich fing an, leidenschaftlich zu schluchzen. In dieser Zeit hatte ich die Kraft, unaufhörlich zu weinen.

Die Hungersymphonie

Uns allen war schlecht vor Hunger. Ich war nicht mehr aus der Tür gegangen, da ich nicht mehr wußte, wo ich hätte hingehen können. Mit Vater ging es bergab, er war am Ende. Wir sahen ihn fast nicht mehr; er irrte links und rechts umher, nicht mehr fähig, normal zu arbeiten.

Hein und Naatje sprachen über den Trick, von einer einzigen Scheibe Brot satt zu werden. Naatje behauptete, daß man es rund herum abknabbern sollte, und das letzte Stück, in der Größe eines Cent, sollte man im Mund schmelzen lassen.

„Nein", antwortete Hein, „so geht das nicht. Von langsamem Essen bekommt man gerade mehr Hunger. Wenn ich an einer Scheibe Brot genug haben will, schlucke ich die Stücke fast ohne zu kauen herunter; dann bekommt man zwar später Kopfschmerzen, aber der Hunger wird geringer."

Dirk kam wie ein Wilder hereingestürmt; er ließ die Haustür offen, ging geradewegs auf den Schrank zu und fing sofort an, in allen Fächern, den Schubladen und in dem Topf, sogar unter den Möbeln nach etwas Eßbarem zu suchen. Sein Gesicht hatte den Ausdruck eines Wahnsinnigen. Als er nichts fand, ging er ohne ein Wort zu sagen weg.

Mutter hatte gedacht, daß sie ihre Kopfschmerzen loswerden würde, wenn sie herausgehen und bei den Küchenfenstern den Duft von dem Essen, das da gekocht wurde, einatmen würde; aber sie kam noch kränker und mit noch mehr Hunger nach Hause.

„Was mag das sein, was die Reichen essen? Der Geruch alleine ist schon genug, um einen Toten zu erwecken, aber wenn man nichts im Magen hat, muß man richtig nach Luft schnappen. Was sollen wir tun, was sollen wir um Himmelswillen tun?"

Weil mir schwindelig war und es in meinen Schläfen hämmerte, ging ich zum Fenster, um es zu öffnen. Dann sah ich vor dem Schaufenster des Schlachters an der anderen Straßenseite Kees, der dabei war, an der Stelle, wo an der Innenseite die Schinken und Ochsenzungen ausgelegt waren, das Fenster abzulekken. Wie von einer Tarantel gestochen, sprang ich hoch.

„Mutter! Mutter!" schrie ich, „geh' meine Bücher verkaufen, und laß Kees hochkommen, denn sonst bringe ich ihn um!"

Vernarrt in Lesen, wie ich war und verzweifelt, weil ich kein französisch lesen und keine holländischen Bücher finden konnte, hatte ich mir hier und dort einige flämische Bücher besorgt. Darunter waren welche, die ich zehn oder zwölf mal gelesen hatte, wie z.B. ‚Das eisere Grab' von Hendrik Conscience, weil ich keine anderen besaß. Auf diese Art hatte ich eine kleine Bibliothek zusammengestöbert, die ich immer wieder verschlang. Verschiedene Male hatte ich wütend deren Verkauf verhindert; aber an dem Tag legte ich alle meine alten Bücher in einen Korb und schickte Mutter damit weg, um sie in der Galerie Bortier zu verkaufen. Genau wie bei meinem Kommunionkleid dachte ich, daß wir einen ordentlichen Preis bekommen würden für die alten Bücher, die für mich alles bedeuteten.

Während Mutter darauf aus war, sie loszuwerden, kam die Vermieterin von dem Haus (wo wir zur Untermiete wohnten) außer Atem nach oben.

„Fräulein, sagen Sie ihrer Mutter, daß ich ihr noch eine Weile Kredit gebe. Ich weiß, daß Sie schon seit ein paar Tagen kein Essen haben. Und als ich dem kleinen Klaasje von Ihnen eine Scheibe Brot geben wollte, weigerte er sich und sagte: ‚Vielen Dank, aber ich habe gerade gegessen.' Ich weiß, daß es nicht stimmt, und dabei ist er noch so ein kleiner Knirps!"

Klaasje war acht Jahre alt. Ich war tief gerührt.

Es gab also noch einige unter uns, die sich nicht aufgegeben hatten!

Mutter kam bald zurück. Sie hatte mit größter Mühe einen Franc und 75 Centimes für alle meine Bücher bekommen.

Klaasje verurteilt

Die Tür fliegt mit viel Lärm auf; es kommt ein Mann herein, der Klaasje am Arm festhält.

„Gehört der Junge zu Ihnen? Er hat meine Ladenscheibe zerbrochen. Wenn Sie 24 Franken bezahlen, ist alles in Ordnung, wenn nicht, dann zeig ich es an."

„24 Franken?" sagt Mutter gelassen. „Unmöglich, Mann, das kann ich nicht bezahlen."

„Wie du willst," antwortet er. Und weg ist er.

„Wie ist das passiert?" fragen wir Klaasje.

„Wir spielten Schützenkapelle vor dem Fenster eines leeren Hauses, und ich war die große Trommel, und als ich wild drauf los trommelte – bum – bum – bum – ging meine Faust durch die Scheibe. Wir rannten weg, aber ich stieß mit meinem nackten Fuß gegen einen Stein, und so konnte der Mann mich schnappen."

Mutter dachte, daß die Sache glimpflich ablaufen würde: „Sie können ein Kind von neun Jahren doch nicht verurteilen!"

„Natürlich nicht," antwortete ich, „wenn es zu einem Prozeß kommt, dann wird es auf Vater zurückfallen."

Als wir schon gar nicht mehr an diesen Vorfall dachten, kam eines Tages eine Vorladung: Klaasje Oldema muß vor dem Richter erscheinen.

„Nun ja, das kann doch unmöglich für ihn bestimmt sein, das ist für Vater. Wo könnte er wohl stecken? Wir sehen ihn nie mehr."

„Was weiß ich? Er treibt sich irgendwo herum; das gefällt ihm besser, als für Frau und Kinder zu sorgen."

„Aber nun müssen wir ihn doch finden, er muß mit Klaasje mit."

Mutter zuckte mit den Schultern.

„Es scheint so, als wäre es dir gleich! Findest du es etwa normal, daß so ein kleiner Knirps vor den Richter kommen muß?"

„Sag doch, was soll ich tun? Übrigens, sie verurteilen keine Kinder."

Und das dachten wir eigentlich alle.

Als wir Vater am Verhandlungstag immer noch nicht gefunden hatten, sagte ich Mutter, daß sie mit dem Kind mitgehen müßte; aber sie schien so gleichgültig, daß ich mir deshalb Sorgen machte.

„Hör mal, Mutter, wenn du nicht willst, dann gehe ich mit ihm mit. Aber das kann mich meine Stelle kosten."

Vor zwei Monaten hatte ich eine traumhafte Arbeit bei einem Antiquitätenhändler gefunden: es ging darum, alte Stickereien auf einem neuen Hintergrund zu befestigen. Ich war begeistert von dieser schönen Arbeit, und der Antiquitätenhändler hatte selbst einmal den Hintergrund ausgesucht, den ich auch am schönsten fand. Es mußten rote Tulpen und malvenfarbene Iris neu aufgesetzt werden. Der Antiquitätenhändler und seine Frau wollten sie zuerst auf flaschengrünem Samt setzen, aber als ich auf ein Stück schwefelgelben Moire sah, fragte er:

„Und du, Kleine, welchen Hintergrund findest du am schönsten?"

Ich zeigte auf den Moire. Er legte die Blumen darauf und sagte: „Sie hat recht, es sieht vornehmer und heller aus."

Ich war deshalb sehr zufrieden, daß ich mit diesen schönen Dingen arbeiten durfte, und ich wurde auch anständig dafür bezahlt.

„Nein, auf keinen Fall!" protestierte meine Mutter, „laß deine Arbeit nicht dafür im Stich, ich geh' schon."

„Ganz bestimmt?"

„Ganz bestimmt!"

Beruhigt ging ich zu meiner Arbeit. Als ich abends zurückkehrte, warf Klaasje sich schluchzend in meine Arme.:

„Ich muß ins Gefängnis, ins Gefängnis, für eine Woche!"

„Was? Ins Gefängnis? Hast du da nichts gegen tun können, Mutter?"

Ihre Augen zuckten, und sie antwortete nicht.

„Sie ist nicht mit gewesen," flüsterte das Kind.

„Oh, du gemeines Stück, du bist unser Unglück! Ich sage dir nur eins: geh' Vater suchen und haut beide ab und für immer; ich werde schon für die Kinder sorgen. Wegen euch sitzen wir fest, weil ihr da seid, kann ich nichts für sie tun. Wenn ihr weg seid, habe ich die Hände frei, und ich kann ihnen eine ordentliche Erziehung geben. Geh' weg, bitte, geh' weg."

In verächtlichem Ton sagte sie: „Phhh."

Ein paar Tage später mußte sich Klaasje, das schmächtige Kerlchen, zart wie eine Eidechse, bei dem Gefängnis ‚Klein Karmel' melden. Diesmal ging ich mit. Ich dachte, daß ich zu seinem Besten sprechen könnte, aber der Pförtner nahm ihn schon gleich am Tor von mir weg und fiel mir grob ins Wort:

„Ja, ja, das kennen wir, es sitzen nur Unschuldige in der Zelle."

Es wurde für mich eine Woche voller Qual. Ich blieb gegenüber Mutter unnahbar, und sie sprach nicht mit mir, aber das Zucken ihrer Augen verriet, wie aufgeregt sie war.

Als Klaasje wieder nach Hause kam, erzählte er, wie er die Woche zwischen Halunken verschiedenster Art überstanden hatte. Er sah bleich und heruntergekommen aus wie ein kleiner Vagabund, und in seinen kastanienbraunen Locken wimmelte das Ungeziefer.

„Komm', ich werde dich waschen."

Ich nahm mein eigenes Stück Seife und meinen Kamm und fing an, seinen Kopf zu waschen. Er ließ mich ruhig gewähren, aber als ich ihn ausziehen wollte, zappelte er dagegen an; er meinte, daß es zulange dauerte. „Und dann," sagte er, indem er mich frech anguckte, „das bringst du nicht fertig, was?"

Er machte eine Geste, als ob er etwas stehlen und in seine Tasche stecken würde.

„Was?" fragte ich verwirrt.

Er riß sich los, sprang zur Tür, schlug sich auf die Schenkel, machte mit seiner Hand eine obzöne Geste und schrie, während er weglief:

„Das ist für dich!"

„Klaasje, Klaasje!" rief ich. „Mutter, sieh mal, er verhält sich schon wie einer aus dem Knast!"

„Und du willst natürlich wieder ein Drama daraus machen, als ob er die Krätze hätte. Das ewige Gemecker von dir hängt uns schon lange zum Hals heraus. Er hat Läuse, das ist alles, na und? Kinder müssen Läuse haben, das ist ein Zeichen dafür, daß sie gesund sind."

Einige Zeit später, als ich keine Arbeit mehr hatte, war ich allein zu Hause, wo ich mich auf mein Canape gelegt hatte und trübsinnig vor mich hin starrte. Die Tür wurde aufgerissen, und Klaasje kam herein; er warf sich auf den Boden und kroch unter das Canape, verfolgt von einer wütenden Frau.

„Er hat die Meerschaumpfeife von meinem Mann gestohlen," kreischte sie. „Er ist mit den Kindern in mein Haus spielen gekommen, und die Pfeife von sechs Franken! – lag auf dem Kamin. Als der Nichtsnutz wegging, war die Pfeife verschwunden, er muß sie also haben. Man hat mir erzählt, daß er schon mal gesessen hat – wenn ich das gewußt hätte, hätte ich ihn nicht mit meinen Kinder spielen lassen."

„Er wurde verurteilt, weil er eine Scheibe zerbrochen hatte," antwortete ich. „Nicht wegen Diebstahl. Er stiehlt nicht, sie können selbst in seinen Taschen nachsehen."

Ich zerrte Klassje unter dem Canape vor und zog ihm den Kittel aus, den ich der Frau zuwarf. Sie suchte nach – nichts. Ich zog dann seine Hose aus und schmiß auch die der Frau hin; als sie auf den Boden fiel, gab es einen dumpfen Laut. Wir sprangen beide auf und suchten sie durch. Im Hosenboden, den ich verstärkt hatte, indem ich ein Stück Stoff dagegen gesetzt hatte, saß die Pfeife zwischen dem Stoff und dem Lappen, die obere Kante war gerade weit genug aufgetrennt, um etwas durchrutschen zu lassen.

Klaasje war wieder unter das Canape geflüchtet. Die Frau wollte anfangen zu schreien, aber mein Gesichtsausdruck machte ihr scheinbar Angst, weil sie gleich nach draußen ging; unten an der Treppe holte sie das Versäumte nach und rief, daß man einen Haufen Diebe wie uns aus dem Haus werfen müßte.

Ich war fassungslos und total betäubt; Schüttelfrost lief über meinen Körper; meine Knie schlotterten. Ich konnte nur immer wieder sagen: „Klaasje! Klaasje! Meine kleine Eidechse!"

Aber Klaasje rührte sich nicht.

Im Krankenhaus

Als Mina einmal mitten in der Nacht von einem ihrer Streifzüge zurückkehrte, mußte sie sich mit mir das Sofa teilen. Sie zog gleich die ganze Decke zu sich hinüber, und gegen Morgen ließ sie mich auf den Boden rollen, wo ich dann einfach weiterschlief. Mit einem heftigen Hustenanfall wurde ich wach.

Ich hatte mich schon eine ganze Zeit lang krank und äußerst schwach gefühlt und an Fieberanfällen gelitten, und nun war noch, mitten im Winter, eine Erkältung hinzugekommen. Ich schleppte mich noch einige Tage durch die Gegend und erklärte dann meiner Mutter und meiner Schwester, daß ich ins Krankenhaus ginge und da auch bleiben würde, falls sie mich dort behielten.

Sie begannen zu lachen, und als ich das Haus verließ, ulkten sie: „Wenn du zurückkommst, ist der Kaffee fertig!"

Aber ich kam nicht zurück: sie behielten mich da.

Der Direktor war ein großer Mann, fünfzig oder fünfundfünfzig Jahre alt, mit rotblondem, in der Mitte gescheiteltem Haar; er hatte einen ergrauten Bart und große, mit Sommersprossen übersäte Hände. Er sah schon ein wenig so aus wie ein großer Landstreicher, der durch das Gebüsch schleicht, um Anderleuts' Hühnern die Hälse umzudrehen.

Er horchte meine Lungen ab, drehte mich in alle Richtungen und stellte eine chronische Bronchitis und Sumpffieber fest.

„Und dann ist sie auch noch unterernährt. Was für ein süßer Floh!" sagte er lachend zu seinen Assistenten.

Er verschrieb mir die volle Ration Essen, Hustensirup und ein Fläschchen Chinin, das ich täglich auf einmal einnehmen mußte.

Ich war an einem Donnerstag gekommen. Die

Ruhe, das herrliche Bett und das gesunde Essen verbesserten meinen Zustand fast sofort, und als meine Mutter und meine Schwester am Sonntag zu Besuch kamen, sah ich schon ganz frisch und blühend aus. Obendrein mußte ich gerade schallend lachen: ich hatte um Bücher gebeten und ‚Das Goldland' von Hendrik Conscience erhalten, in dem ich die unglaubliche Lümmelhaftigkeit der flämischen Bauern, die als Goldsucher nach Kalifornien gingen, zum Schießen fand.

„Aber du bist doch überhaupt nicht krank!" rief meine Mutter. „Ich begreife nicht, daß du hier zu deinem Vergnügen liegenbleibst, während wir zu Hause vor Hunger sterben. Und hier ist auch ein Brief vom Antiquitätenhändler gekommen, der anfragt, ob du wieder Stickereien anfertigen kommst."

Ich hörte auf zu lachen, und als der Doktor auf seinem Rundgang zu meinem Bett kam, fragte ich ihn geradeheraus, ob ich wirklich krank sei.

„Meine Mutter behauptet nämlich, daß ich nur deshalb im Krankenhaus bin, um es mal schön bequem zu haben."

„Nein, meine Dame, davon kann überhaupt keine Rede sein, Ihre Tochter ist sehr ernst krank, und Sie müssen sie hierlassen."

Sie gingen betreten weg.

Ich mußte mich auf Anordnung des Doktors ausziehen; er horchte mich nochmal ab und zeichnete Kreise auf meinen Körper.

Das wurde so jeden Tag wiederholt. Als ich wieder auf war, zog er mich selbst aus, während ich dastand, ließ mein Hemd von seinen Assistenten hochhalten und beklopfte und betastete mich, wie er gerade Lust hatte. Die Assistenten, die Schwester und ich ließen uns durch dieses Tun nicht lange Sand in die Augen streuen.

Zu der Zeit herrschte auf der Wöchnerinnenstation eine Infektionskrankheit, die für die Frauen gefährlich war. So war es nötig geworden, einige von ihnen in anderen Sälen unterzubringen, und auf meinem Saal lagen mindestens vier. Einige hatten eine schwere Geburt hinter sich und wimmerten Tag und Nacht.

In der Karnevalsnacht konnte ich nicht einschlafen, weil zwei Wöchnerinnen, die gerade in den Saal gebracht worden waren, unaufhörlich jammerten. Dennoch bekam ich von der Karnevalsmusik, die ich gut von draußen her hören konnte, große Lust zu tanzen. Ich richtete mich auf. Der große Saal mit achtundzwanzig Betten war nur in der Mitte von einer niedrig gedrehten Gasflamme erhellt. Die angenehme Ofenwärme, die weißen Gardinen und die jungen Gesichter auf den Kissen neben mir waren mir schon so vertraut geworden, als ob ich hier zu Hause wäre. Ich hörte dem Gejohle draußen zu und sehnte mich danach, dabei zu sein. Leise rief ich das Mädchen, das in dem Bett neben meinem lag:

„Toinette, Toinette! Hör' mal, sie singen, und die Musik spielt gerade einen Walzer!"

„Einen Walzer? Einen Walzer?" brummte sie schläfrig, während sie sich aufsetzte.

„Ja, ich höre es ganz deutlich, die sind ja tüchtig zugange!"

Ich sah ihre schwarzen Augen glänzen, und mit ihrer verrutschten Nachthaube war sie eine Schönheit, wirklich eine Schönheit.

Eine der Wöchnerinnen schrie:

„Oh, mein Bauch, mein Bauch!"

„Komm mit ans Fenster", sagte Toinette, „rausgucken!"

Wir standen auf und rannten mit bloßen Füßen zum Fenster, um die Gardine wegzuziehen, aber der Balkon nahm uns alle Sicht. Wir öffneten die Tür, und in unseren Nachthemden sahen wir vom Balkon aus Scharen von verkleideten Menschen, die im Kreis tanzten und aus Leibeskräften johlten. Wegen der Kälte gingen wir rasch wieder nach drinnen. Eine deutsche Frau, der die Entbindung noch bevorstand, wimmerte:

„Ich will nicht sterben, ich will nicht sterben!"

Davon bekam ich eine Gänsehaut.

„Gott, Toinette, wie hat es diese Frau bloß erwischt!"

„Wenn du nie lachen willst, weil sie hier flennen, kannst du besser selbst krepieren!"

Ein anderes junges Mädchen, das krank war, kroch nun auch aus ihrem Bett, und zu dritt tanzten wir Polka. Plötzlich sahen wir auf dem Flur eine Schwester und eine Hilfe ankommen, um ihre Runde zu machen; wir sprangen weg und hatten gerade noch Zeit, um hinter den Betten entlangzukriechen und unser eigenes Bett zu erreichen.

Die Schwester näherte sich geräuschlos, als ob sie schwebte; ihre kleine Laterne verbreitete einen vagen Schimmer, der einen flackernden Widerschein auf ihr zartes, sanftes Gesicht legte, das von einer weißen Haube umrahmt wurde. Die Hilfsschwester, die sich in einen Schal gehüllt hatte, folgte ihr auf dem Fuße.

An einigen Betten hob die Schwester ihre kleine Laterne in die Höhe, und bei der Wöchnerin, die schluchzte „mein Bauch, mein Bauch!" blieb sie stehen; sie legte die Decken zurecht, sagte ein paar beruhigende Worte und ging dann weiter.

Ich hatte keine Zeit mehr gehabt, mich richtig zuzudecken, und tat, als ob ich schliefe. Sie zog die Decken hoch und flüsterte im Vorbeigehen:

„Der Doktor nennt sie ‚Kleiner Floh'; so sieht sie wirklich aus, sie besteht ja fast nur aus Haut und Knochen!"

Ich fühlte, daß sie mich gern mochte, und ihr

freundliches Gesicht gab mir innerliche Ruhe und ein großes Vertrauen.

Die Hilfsschwester, eine flämische Bäuerin, antwortete:

„Ich mag das Gör nicht; sie ist anders als die anderen Patienten, und der Doktor. . .“

„Sst! Sst!“ unterbrach sie die Schwester.

„Ich will nicht sterben, ich will nicht sterben“, schluchzte die andere Wöchnerin.

„Die kommt nicht durch“, sagte die Schwester. „Und ich darf mit ihr nicht einmal über unseren Lieben Herrgott sprechen, sie ist nämlich Protestantin.“

Mit leisem Schritt gingen sie weiter, und nachdem sie noch ein paarmal stehengeblieben waren, verschwanden sie im Dunkeln.

Toinette ging zu dem anderen Mädchen ins Bett; die zwei konnten seltsame Dinge miteinander tun. Ich begann ganz langsam einzuschlafen und hörte nur noch wie aus der Ferne: „Mein Bauch, oh, mein Bauch!“

Der Lärm und die Musik auf der Straße machten mich wieder wach. Die deutsche Frau klagte, immer schwächer: „Ich will nicht sterben, ich will nicht sterben. . .“ Die Rührung übermannte mich, und ich brach in Tränen aus. Ich konnte ein bißchen Deutsch und ging zu ihrem Bett um zu fragen, ob ich etwas für sie tun könnte. Wie im Wahnsinn griff sie nach meiner Hand, und mit einer schon schweren Zunge wiederholte sie: „Ich will nicht sterben, das Kind lebt, ich muß leben, für das Kind. . .“

Ich blieb bei ihr sitzen. Gegen Morgen starb sie.

Nach sechs Wochen fühlte ich mich gut genug, um das Krankenhaus zu verlassen. Mutter war schon gekommen, um mir zu sagen, daß mein Vater geschworen hatte, mich an den Haaren wegzuschleifen, wenn ich nicht freiwillig käme, aber der Doktor hatte nicht nachgegeben.

Morgens vor meiner Entlassung untersuchte er mich ausgiebig und legte mir ans Herz, Hustensaft und Chinin weiter einzunehmen. Ich antwortete ihm, daß ich mir dies nicht leisten könne.

„Komm' dann mal zu mir, dann gebe ich sie dir."

Am nächsten Morgen ging ich zu ihm. Er ließ mich warten, bis alle Patienten gegangen waren. Als ich ins Sprechzimmer kam, schob er den Riegel vor die Tür und nahm mich in seine Arme; seine Zähne klapperten. Als ich vor Schreck kurz zurückwich, ließ er mich los und sagte:

„Laß mich doch noch einmal deine kleinen Brüste ansehen."

Ich mußte mich ausziehen und mich auf dem Sofa hinsetzen, wo er mir erklärte:

„Du bist noch so schwach, daß es schlimm ausgehen kann, wenn du dich nicht in acht nimmst. Ich bestehe darauf, daß du die nötigen Medikamente einnimmst, die du immer hier bekommen kannst."

Ich verstand ihn vollkommen. Ich würde sterben, wenn ich mich nicht in acht nahm; mich in acht nehmen bedeutete, Medizin nehmen, die ich nicht bezahlen konnte, aber bei ihm im Tausch für meinen Körper bekommen konnte. Tja, und? Was würde zu Hause werden, wenn ich stürbe? Schon jetzt merkte ich, daß alles schief lief; was sollte ohne mich werden? Die Kinder, so gut und intelligent und hübsch sie auch waren, würden unwiderruflich zugrunde gehen. Klaasje, mein kleiner Frosch, war schon im Gefängnis gewesen, und Mutter hatte meine dauernden Vorwürfe genauso nötig wie die Kinder, wenn sie nicht alles den Bach hinunter sollte laufen lassen. Ich liebte meine Mutter nicht mehr, aber nun, da ich sie besser beurteilen konnte, hatte ich wohl Mitleid mit ihr. Sie hatte doch mitten in der schlimmsten Entbehrung neun Kinder zur Welt bringen müssen und wäre längst im Wochenbett gestorben, wenn ihr nicht

Nachbarsfrauen von Zeit zu Zeit eine Tasse Kaffee und ein Stückchen Brot gebracht hätten. Und selbst dann hatten wir noch alle hungrig um sie herumgestanden, um das größte Stück von ihr zu fordern. Und als Dirk sich vor Hunger und Fieber nicht mehr auf den Beinen halten konnte, war sie dann nicht in einem Haus, wo sie Kinder am Fenster gesehen hatte, nach Essensresten fragen gegangen, in der Überzeugung, daß eine Mutter dies einer anderen nicht verweigern würde? Und wie hatte sie geweint, als sie nach Hause kam, weil sie mit nichts abgespeist worden war! Ich begann zu begreifen, warum sie so oft die Schultern hochzog.

Der alte Mann sagte:

„So kannst du nicht weitermachen, du darfst deine Lungenkrankheit auf keinen Fall leicht nehmen; vielleicht fühlst du dich nicht krank, aber du bist es trotzdem."

„Ja, das ist nicht zum Lachen", dachte ich im stillen.

„Wenn du dich gut pflegst, wirst du noch hübscher werden, als du schon bist. Und das bist du wirklich. . ."

Er sah, daß ich an etwas völlig anderes dachte, und drückte mich auf dem Sofa nach hinten. Von neuem stieg Verzweiflung in mir hoch, aber was hatte ich für eine Wahl? Ich will nicht als Lungenkranke sterben, ich habe schon genug daran sterben sehen; ich will es nicht und es braucht auch nicht geschehen!

Ich hatte den stundenlangen Todeskampf einer jungen Frau mitangesehen, die schon fünf Jahre lang regelmäßig ins Krankenhaus gekommen war, um ihre Krankheit loszuwerden; ihr Röcheln und Stöhnen war zwei Säle weit zu hören gewesen. In ihren letzten Augenblicken gab ihr eine Nonne eine brennende Kerze in die Hand; die Hilfsschwester, die am anderen Ende des Bettes saß, erzählte, wie gut sie sich auf der

Dorfkirmes, von der sie kam, amüsiert hatte; die Schwester hatte mit Vergnügen zugehört; sie bogen sich vor Lachen über das Bett hinüber, ohne auf die Sterbende zu achten, deren noch klarer Blick von der einen zur anderen ging. Das Kerzenwachs tropfte auf die Hand der jungen Frau und verbrannte ihr die Haut. Ihr Röcheln wurde schneller; sie verzog ihr Gesicht zu einem starren Grinsen, biß sich auf die Zunge, und damit war's getan. Die Schwester nahm die Kerze fort, sah achtlos nach der Toten und ging weg, noch mit der Helferin schwatzend.

Eine Näherin, die an der Schwindsucht litt, hatte noch auf ihrem Sterbebett ein Kind geboren, ohne auch nur ein einziges Mal zu schreien, aber als die Geburt vorbei war und sie ihr das Kind wegnahmen, um es zu waschen, hob sie mit letzter Kraft ihre Arme hoch und stammelte:

„Ich werde es nicht mehr sehen!"

Ihr Gesicht wurde fahl, ihr Kopf rollte kurz von links nach rechts; sie war tot.

Ich – so sterben? Niemals!

Wenn es mit mir nicht besser wird, habe ich noch fünf Jahre zu leben. Dann bin ich also vierundzwanzig, wenn ich sterbe, und Klaasje noch erst vierzehn. Nein, das sollte mir nicht passieren, mir nicht; ich mußte die Medizin haben, um gesund zu werden, und damit Schluß. Der Doktor kann sie aus der Krankenhausapotheke bekommen. Also habe ich sie jederzeit.

Wenn meine Flaschen leer waren, ging ich zum Doktor, und jedesmal schob er den Riegel vor die Tür.

Die Hure

‚Meine Tochter hat den gelben Schein'
Dostojewski

Wieder einmal saßen wir ohne Essen da. Seit zwei Tagen schlug Hein mit seinem schweren Schmiedehammer auf den Amboß, ohne daß er etwas in seinen Magen bekommen hatte; er war auf einen Stuhl niedergesunken, ganz bleich, mit hängendem Kopf und schlapp an seinem Körper herunterbaumelnden Armen. „Ich kann nicht mehr, ich kann nicht mehr", wiederholte er nur.

Klaasjes kleine Beine waren unter seinem schmächtigen Körper zusammengeknickt, und er saß auf dem Boden, gegen die Wand gelehnt, die anderen Kinder saßen hier und da im Zimmer herum, alle krank vor Hunger. Mutters Gesicht glühte im Fieber, und das Zucken ihrer Augen zeigte, wie elend es um sie bestellt war; und mir liefen Kälteschauer über den Körper. Meine älteste Schwester war ausgezogen, und wir warteten auf Vater, der frühmorgens auf der Suche nach Arbeit aus dem Haus gegangen war. Er kam betrunken zurück und fragte nach etwas Eßbarem.

Ich blickte um mich herum und begriff, daß etwas Schreckliches geschehen würde, wenn sich nicht auf der Stelle ein Ausweg finden ließe. Dann faßte ich einen Entschluß. Ich band eine Schleife an meinen Rock, kämmte meine Haare über die Stirn, machte mich so gut wie möglich zurecht (wobei ich zu meinem Bedauern weder Puder noch Rouge besaß, wie ich es bei den Huren gesehen hatte), und sagte Mutter, daß ich ausginge. Sie wollte mitkommen, um schneller die Lebensmittel nach Hause bringen zu können.

Als wir mitten in der Stadt waren, bat ich sie, ein bißchen Abstand zu halten. Es dauerte nicht lange, bis ein Mann mir bedeutete, ihm zu folgen und mich mit in ein Stundenhotel nahm. Als ich es hinter mir hatte und mein Geld velangte, fragte er, ob ich ihn für verrückt hielte. „Für fünf Franken kann ich eine schicke Dame bekommen, und du bist nur ein verlaustes Stück, eine Bettlerin und obendrein noch dreckig! Hau ab und laß mich durch!"

Unten weigerte er sich, das Zimmer zu bezahlen. Die Vermieterin drohte uns mit der Polizei, und schließlich bezahlte er es doch. Als wir gingen, rief die Frau mir nach: „Dreckige Straßendirne, wenn du noch einmal wagst, hierher zurückzukommen, zeige ich dich an!"

Mutter wartete draußen auf mich; ich erzählte ihr, was geschehen war und sah, wie ihr Gesicht vor Bestürzung und Entsetzen erstarrte.

„Was soll ich tun? Was soll ich tun? Ich habe das Risiko auf mich genommen, von jemandem, den ich nicht kenne, schwanger zu werden, ich hätte mir die verdammte Krankheit holen können, sie haben mich ausgeschimpft, und das alles für nichts, für nichts. Und die Kinder, Gott, die Kinder!"

„Wenn wir mit leeren Händen zurückkommen, werden sie sterben", sagte Mutter.

Ich stand mit meinem Gesicht an einen Baum gelehnt und weinte. Aber als ich an unsere Kinder dachte, die zu Hause saßen und auf uns warteten, kehrte alle meine Energie zurück.

„Ich mache weiter", sagte ich, „doch dann mußt du dich etwas weiter wegstellen, du rückst mir zu dicht auf die Pelle."

Ich hatte kein Taschentuch, und als ich die Tränen mit meinen Händen wegwischte, bekam mein Gesicht lauter Streifen.

Schon nach wenigen Augenblicken hörte ich jemanden hinter mir flüstern: „Kleine, he, Kleine!"

Ich drehte mich um und sah, daß ein Riese von einem Mann hinter mir herkam.

„Komm mal mit, Kleine."

Ich ging mit. Er brachte mich zu einem anderen Haus und gab mir im voraus einige Franken.

Er behandelte mich sehr vorsichtig, schien richtig Angst zu haben, mich zu zerbrechen. Er mußte über mein schwarzes Gesicht und meine Magerkeit lachen und amüsierte sich schrecklich darüber, daß mein Körper so spindeldürr war. Er hörte auch nicht auf zu sagen:

„Kleine, he, Kleine."

Nach einem Weilchen wurde an die Tür geklopft und gerufen:

„He, beeilt euch, ihr, die Zeit ist um, es warten andere, das Zimmer muß geräumt werden!"

Im ersten Augenblick dachte ich, es sei die Polizei und hatte mich in meiner Angst dem Riesen an die Brust geworfen, was ihn noch fröhlicher machte. Er schlug seine Arme um mich, und leise lachend flüsterte er: „Schon gut, Kleine, schon gut."

Was tat mir das gut, an dieser gewaltigen Brust zu lehnen! Zum ersten Mal in meinem Leben hatte ich das Gefühl beschützt zu sein. Alle Polypen der Stadt hätten mich nicht aus diesen um mich geschlungenen Armen reißen können.

Er würde ihnen prustend sagen: „Seht doch mal, es ist doch noch so 'ne Kleine!"

Wieder auf der Straße, lief ich schnell zu Mutter. Wir kauften irgendwelche armseligen Lebensmittel, und unten an der Treppe riefen wir zu den Kindern hinauf: „Wir haben Brot, wir haben Brot!"

Nach ein paar Tagen lief unser Haushalt so geregelt wie noch nie zuvor. Die Kinder aßen rechtzeitig, wurden gewaschen und gingen zur Schule; Mutter kümmerte sich eifrig um den Haushalt. Vater trank nicht mehr, setzte abends Kaffee auf und schälte die Kartoffeln. Nur ich lag zusammengekrümmt auf dem alten Sofa, das mir als Bett diente, und wurde von

Weinkrämpfen geschüttelt.

Die Leichtigkeit, mit der meine Eltern diesen Zustand hinnahmen, weckte in mir einen Widerwillen gegen sie, der mit jedem Tag größer wurde. Es war so weit mit ihnen gekommen, daß sie vergaßen, daß ich, das hübscheste ihrer Kinder, jeden Abend für jeden, der vorbeiging, die Hure spielte. Sicher, wir hatten keine andere Möglichkeit, dem Hungertod zu entgehen, aber ich konnte es nicht ertragen, daß dieser Zustand hingenommen wurde, ohne daß irgendjemand an dem Abscheu und den Verwünschungen litt, die ich auszuhalten hatte.

Ich war zu jung um zu begreifen, daß das grausame Schicksal an ihnen sein Werk vollbracht hatte, während ich noch meine ganze Jugend und meine ganze Lebenskraft besaß, um mich gegen dieses Los zur Wehr zu setzen!

Bibliographie

1911 Jours de famine et de détresse, Paris.
1913 Contes farouches, Paris.
1919 Keetje, Paris.
1921 Keetje Trottin, Paris.
1922 Michel, Paris.
1923 Angelinette, Paris
1926 Campine, Paris.
1929 Elva, Paris.
1929 Dans les bruyères, Paris.
1934 Quitter tout cela! Au jour le jour, Paris.
1935 Une fourmi ouvrière, Paris.
1970 Dagen van honger en ellende, Amsterdam.
1972 Keetje Tippel, Amsterdam.
1974 De avond dat Mina mij meenam, Amsterdam.
1975 Afscheid, Amsterdam.

Inhalt

Keetje Tippel – Vorwort 5
Eine Erinnerung 9
Meine Eltern 11
Als ich wach wurde, war es Abend 16
Die neuen Schuhe 18
Erster Umzug 20
Lumpen und Abfall 24
Hinkepink 25
Aalköpfe und Pelle 29
Zweiter Umzug 31
Non, Non! 34
Auf der katholischen Schule 39
Die Erbsensuppe 43
Katechismus und erste Kommunion 45
Ich höre die Flöhe springen 53
Enttäuschung 57
Vater schlägt vor, uns zu verlassen 59
Ich mache Besuche 61
Kreisel und Drachen 71
Rausgeschmissen 74
Mein Kommunionkleid 78
Festtage 81
Wir leben von der Wohltätigkeit 82
Die Überschwemmung 85
Oh, du hast ja Kwartjes! 89
Die Wucherin 90
Hitze in der Stadt 92
Baatje 95
Wenn wir reich wären 99
Ich pinkel in mein Kleid 101
Die zwei Grenadiere 103
Eine Lehre für das Leben 107
Ich hau' von der Arbeit ab 112
‚Meine Tochter, Herr Cabanel' 116

Dritter Umzug 121
Sie schälen Zwiebeln 124
Eine Nacht im Park von Brüssel 126
Die Pocken 133
Die Kartoffeln 135
Brot für Briefmarken 136
Kees der Akrobat 137
Die Hungersymphonie 141
Klaasje verurteilt 144
Im Krankenhaus 150
Die Hure 158

Bibliographie 163

In der Holländischen Reihe ist erschienen:

Jotie T'Hooft, Junkies Traum

Jotie T' Hooft (1956 - 1977), der „Rimbaud Flanderns", einer der wenigen niederländisch sprechenden romantischen Dichter, ist 1977 mit 21 Jahren an einer Überdosis Kokain gestorben. In seinen Gedichten und Prosaskizzen tritt ein Verlangen hervor, das die gesellschaftliche Normalität nicht einlösen kann. Sein schmales Werk fand sehr starke öffentliche Beachtung, nicht nur der eigentümliche Klang seiner Texte, sondern zugleich das Leben des Dichters als Metapher für „die verlorene Jugend", den Junkie, den Unangepaßten, den gesellschaftlichen Ausstieg. Es ist daher nicht übermäßig erstaunlich, die Poesie T' Hoofts von anonymen Händen auf die besetzten Häuser in Amsterdam geschrieben zu finden, Wort für das tiefgreifende Unbehagen in dieser Zeit.

72 Seiten, gebunden, DM 16,-

Mensje van Keulen, Allemal Tränen. Erzählungen

Mensje van Keulen, geboren 1946 in Den Haag, lebt und arbeitet heute in Amsterdam. Die Kurzgeschichten dieser Sammlung sind realistische Miniaturen mit der Schärfe einer genauen Beobachtung. Ihr gelingt in der Schilderung der trübsinnigen menschlichen Gewohnheiten, der gegenseitigen Quälereien, der täglichen Trivialitäten ein detaillierter Realismus, der die idyllenhaften Fassaden durchdringt, Verkleidungen entblättert und das Klägliche eines Lebens zeigt, das seine Katastrophe nicht mehr vor, sondern bereits hinter sich hat.

107 Seiten, gebunden, DM 19,80

Autobiographische Schriften in der Nemo Press:

Jules Vallès, Die Abtrünnigen

Jules Vallès (1832 - 1885), Bohemien, Publizist und Revolutionär, der als aktiver Teilnehmer der Pariser Commune in deren letzten Tagen ins Ausland fliehen mußte. 1866 erschien diese Aufsatzsammlung, die so mitreißend, als wäre ihre Tinte eben getrocknet, das Leben der Abseitigen, Ausgestoßenen, Abtrünnigen im Paris des 3. Kaiserreichs schildert.

210 Seiten, Paperback, DM 19,80

Jacques Mesrine, Der Todestrieb/Autobiographie

Jacques Mesrine (1936 - 1979), bis zu seinem Tod Staatsfeind Nummer eins Frankreichs und Kanadas, Algerienkämpfer, Einbrecher, Bankräuber, avanciert vom kleinen Gangster aus dem Pariser Milieu zum meistgesuchten Killer, dem drei spektakuläre Gefängnisfluchten gelingen, bevor er von den Spezialeinheiten der Pariser Polizei in seinem Wagen erschossen wird.

349 Seiten, Paperback, DM 29,80

James Carr, Die Feuer der Freiheit/Autobiographie

James Carr brannte mit 9 Jahren seine Schule nieder und begann damit die amerikanische Karriere eines Schwarzen zwischen Getto und Gefängnis. Rassenunruhen und Korruptionen machen sein Gefängnisleben zum alltäglichen Krimi. In San Quentin wird er enger Freund und Kampfgenosse von George Jackson. 1972, nur kurz nach seiner Entlassung aus dem Gefängnis, wird er auf der Straße von gekauften Mördern erschossen. Die Auftraggeber bleiben unbekannt.

208 Seiten, Paperback, DM 16,–